關於愛的一切

All About Love

New Visions

bell hooks
貝爾・胡克斯——著
王敏雯——譯

各方讚譽

以溫暖的文字肯定愛有可能實現的信念，同時抨擊自戀與自私的文化氛圍。

——《紐約時報書評》（*New York Times Book Review*）

文字優美……。這個時代很多人愛讀充滿心理學囈語的心靈雞湯式文章，她這本專著深入分享個人觀點，毫無避忌地針對關係提出誠實的見解。

——《娛樂周報》（*Entertainment Weekly*）

她的願景似乎很理想化……，深具野心。但本書觸動了每個人內心的渴望，形諸真摯的文字……。這本書提醒讀者，我們可以組成一個有愛的群體。

——《費城詢問報》（*Philadelphia Inquirer*）

請注意貝爾．胡克斯，這位美國作家暨文化評論家慢慢打響了名號……。胡克斯的著作通常帶來鼓舞、啟迪，也頗具挑釁意味。她是學術界的異數，也是才華橫溢的女性主義者，以其敏銳的心突破學術界的陳腔濫調。

——《波士頓環球郵報》（*Boston Globe and Mail*）

她端出了令人耳目一新的靈性作品，跨出理解力的局限，走進心靈的荒野。

——《西雅圖周報》（*Seattle Weekly*）

每一頁都提供了有用的智慧，幫助讀者克服對全然的親密或失去的恐懼……。這個憤世嫉俗的時代有大批宣稱真愛已死的書，但胡克斯對於愛的看法既愉快又樂觀，是你閱讀的另一種選擇。

——《出版人周刊》（*Publishers Weekly*）

這是一本靈性手冊，其中有不少老生常談，卻也提出了別具新意、富有思想的分析，為追尋愛的人指引道路，以探索愛的意義或沒有意義。

——《科克斯書評》（*Kirkus Reviews*）

這可能是今年最引人入勝、昂揚奮發的書了。請用開放的心態和坦誠的心靈來讀這本書，做好準備，它會讓你改頭換面。

——《黑人議題書評》（*Black Issues Book Review*）

這本書跟愛一樣，值得你全心投入。

——《多倫多太陽報》（*Toronto Sun*）

愛是這世界最重要的事情

吾思傳媒／女人迷創辦人、作家　張瑋軒

我是一個實踐幸福的女性主義者。是一個追求關於愛的一切的女性主義者。

對我來說：女性主義者是快樂的，因為他能看清楚這個世界的運作法則，並且還有宏大的企圖心，試圖鬆動既定幾千年的權力結構，知道也尊重每個人都有自己的選擇。女性主義者是幽默的，是有愛的，而且，女性主義者是會照顧好自己的，至少我師承的西蒙．波娃與貝爾．胡克斯是這樣指引我的。

我總是覺得幸運，我能跟隨的女性主義導師是波娃與胡克斯。胡克斯的經典名言：“I came to theory because I was hurting—the pain within me was so intense that I could not go on living. I came to theory desperate, wanting to comprehend—to grasp what was happening around and within me. Most importantly, I wanted to make the hurt go away. I saw in theory then a location for healing.” 這句話，道盡

她成為一個女性主義者的原因，也替我說出我創辦女人迷的所有原因。

我還記得女人迷第一次討論「愛」的議題時，多少「知識分子」與「意見領袖」驚訝地紛紛責罵「愛」是個「偽命題」，紛紛嘲弄著或激動著說怎麼會有這樣的事業這麼認真在談「愛」、談「關係」、談「自己」。我幾乎是震驚於大家的震驚，然後看見胡克斯也在書中提到「文化對愛充滿懷疑與嘲弄」，並擔心眾人終將「戴上憤世嫉俗的巨大面具」。

究竟是什麼讓世人如此對愛陌生，甚至對愛懼怕？究竟是什麼讓世人如此對愛其實心生嚮往，卻又假裝自己對愛不屑一顧？是因為愛太抽象？還是因為愛實在太重要？也或是關於愛的一切——確實太少人像胡克斯一樣，這樣坐下來坦坦承承地談。談自己受的傷，談自己的期盼，談自己其實從未在原生家庭感受到愛，談自己其實在成長過程中不斷試圖否認壞事曾經發生過。因為愛太重要，但愛又太少被人說過該怎麼愛，所以太多人寧可否認愛的重要性，也不肯停下來思索與面對關於愛的一切。

思索關於愛的一切，首先必須對愛有清楚的定義。虐待與愛絕對不可能同時存在，光是要承認這句話，你知道這有多難？光要承認你的家人、你的愛人並不愛你，可能就會讓人對自己的生活有必須重來的眼光。我必須附和胡克斯，愛不是與生俱來的人類「感覺」。愛是「行動」，愛是「能力」，人與生俱來可能會渴望接觸與親密，但不代表人類與生俱來就知道如何「去愛」以及如何「被愛」。愛不只是「感受」，更必須是「行為」。

當我們都看清楚關於愛的定義，會有很多人重新看見在原生家庭、人際關係與親密關係裡，自己作為「被害者」甚至「加害者」的角色。是的，如果我們對愛不夠清晰，不夠誠實，過於貪婪，無論你是什麼性別的人，即使你是女性也一樣，每個人都有可能在愛裡成為那個「加害者」。即使，那個加害者以為他正在極力示愛。

關於愛的一切，從來不是一本書就可以教會大家的，但是胡克斯這本書會是一個重要且必要的起點。因為你會看到一個女性主義者如何坦率面對自己的生命經驗，如何理直氣和地論述有關愛的理論與學派，你也會看見一個女性主義者如何快樂地成為一個幸福又有愛的女性主義者，包括「在有愛的環境中工作」。

我永遠記得在我創業的時候，當我堅定地說出我要創造一個「有愛」的企業時，好多人嗤之以鼻。當我引述紀伯倫說出「工作是愛的具體化」時，好多人無法理解。但當我重新讀著胡克斯《關於愛的一切》，我很感激我能一直活在愛裡，也能為更多人創造和傳遞關於愛的一切。

愛是這世界最重要的事情。這是我的信念，是我的精神導師波娃與胡克斯教我的。

從這本書開始，願你也能體驗感受被愛充滿的生活，幸福快樂且無所畏懼。

少了公平正義，就不可能有愛

國立高雄師範大學性別教育研究所教授　游美惠

年輕的時候，仍在摸索與嘗試著建構自己的女性主義身分認同時，曾經聽過一句廣告名言：「女性主義，就是敗在愛情和衣服上」。當時，身為一名經濟能力有限的研究生，對我來說，服裝不是問題，畢竟百貨公司中的專櫃服飾離我相當遙遠，自己也不太會去計較身上服飾的價值或是時尚感。但是，提到愛情，那就很不一樣了，年輕時為了追求愛情，似乎真的就是憑著一股熱情勇往直前，飛蛾撲火也在所不惜。但是，無奈啊！在親密關係之中，不平等的性別權力關係彷彿就是最擾人的第三者，總是橫亙其中，破壞著兩個人之間親密感的維繫。我總是疑惑著：女性主義者該如何擁抱愛情啊？

當時，我不認識貝爾．胡克斯及其著作，是直到我到美國攻讀博士學位時才開始讀到她的好多本書，大受啟發，也從此開始關注她的作品，之後學成歸國在大學任教，也常將其著作納為課程的教材，而《關於愛的一切》這一本書就是我在高師大開授「愛情社會學」課程一定會指定要學生研讀的專書。我自己也因為準備課程而反複多次研讀這一本書，透過她的文章，似乎也就漸漸明白女性主義者該如何擁抱愛情。

胡克斯仔細思索愛的日常實踐，從不同面向探討愛情，化為流暢的行文，書中探討的主題包含愛的追求、維繫與失去，愛的理念、價值與行動，也包含社會文化如何形塑我們愛的經驗，以及愛如何可能成為轉變的力量。在這一本書之中，胡克斯不斷強調：「要真正去愛，我們必須學著調和各種要素：關心、喜愛、認可、尊重、承諾、信任，以及坦誠的溝通」、「當我們本著明確的意圖與意願去付出愛，展現關懷、尊重、了解與責任，我們的愛就帶來滿足」。書中不斷重複出現的關心、尊重、承諾、信任與責任等，讓我們得以隨著她的思辯明瞭愛到底意味著什麼，而又該如何轉化抽象的愛為具體的行動。我個人很喜歡胡克斯在〈清晰：愛的定義〉一章中所提出的一個精闢看法：

試著將愛想成行動而不是感覺。任何人只要保持這種想法，自然而然就願意承擔起全部責任，負責到底。我們都明白，人無從控制自身的「感覺」。不過，大多數人都同意，人是在做出選擇後採取行動，亦即我們所做的事是取決於意圖和意願。我們也相信自身的行為會造成後果。「行動形塑了感覺」的想法可幫助我們擺脫種種約定俗成的看法……。如果我們能夠經常記住一句話：愛是看一個人怎麼做（love is as love does），我們就不會再濫用這個字，讓它喪失意義，甚至變得缺乏價值。

胡克斯指出：「墜入愛河」的想法與論述其實充滿著浪漫愛的迷思，是要積極去澄清與解構的。如果我們認為選擇伴侶是因為兩人之間有某種吸引的火花，一觸即發，就那樣發生了，我們就會無從招架，因為愛掌控了一切。但是用這種方式思考愛是有問題的！人們不是「墜入愛河」；我們不應該眷戀著愛的感覺。一個人願意且能夠採取行動，並為行動負責，這才是愛的根本要素。舉例來說，胡克斯認為「真愛的動力來自於一個人願意反思自己的作為，並與所愛的人釐清和溝通這種反思」。這是相當珍貴的！一個人要負責任，有勇氣與智慧進行溝通、反思與改進，才能讓愛永不止息。

胡克斯也積極批判父權文化對於愛的影響，這是本書很重要的論點之一。她堅定主張要了解愛，我們得先拋棄向來深信不疑的男性至上思想。她指出許多暢銷的心靈自助書籍將男性至上視為常規，這是很有問題的！這些書多半說：男人不能或不願誠實表達感受是代表陽剛的正面特質，女人應該要學著接受；但事實上，這是後天習得的行為習慣，而且會造成情感上的孤立和疏離。所以，陽剛氣概的建構使男人不敢對愛坦承，成為親密關係的阻礙。或許我們在積極推動情感教育時，便可以在這一點多使力、多多發揮。

我非常喜歡這一本書的〈誠實〉，〈承諾〉，〈互惠〉，〈戀愛〉等幾個章節，誠摯推薦此書給所有想要探索愛與關切情感教育的人。這一本書和愛一樣，值得我們全心投入。

自序

我還是小女孩的時候，就知道要是我們不了解愛，人生就不值得活。我真希望可以說自己之所以意識到這個道理，是因為感受到愛。但正是因為那時愛不存在，我才知道愛有多重要。我是父親的第一個女兒。我剛出生時，得到無微不至的關心和珍惜，讓我覺得這世界和家人都喜歡我。時至今日，我已經記不得從何時開始，被愛的感覺離我而去。我只知道從某天開始，我不再可愛珍貴，當初很愛我的人轉過身去不理我。沒了他們的認可和關切使我非常傷心，像是被魔咒定住般無法思考。

我幾乎被悲痛與哀傷壓垮。我不知道自己做錯了什麼，而且我嘗試過的事沒一件是對的。和其他人培養感情也無法治癒被拋棄的傷痛，那是人生第一次被逐出愛的樂園。多年來，我的人生彷彿暫時停止了，被困在過去，沒辦法邁向未來，展開新人生。就像其他受傷的孩子一樣，我只想讓時光倒轉，重返樂園，回到記憶中那個無比快樂的時刻，在那裡我覺得被愛，有種歸屬感。

我現在明白，我們永遠也回不去。我們可以往前走，找到一心想要的那份愛，但前提是要放下悲痛，不再糾結於兒時失去的愛，那時我們還很小，沒有發言權，無法說出心中的渴望。回顧過往，我有好些年一直以為自己尋找到愛，卻發現我只是在設法重拾失去的愛，試圖回到最初的家，找回第一份愛的快樂。那時我尚未真正準備好去愛或者被愛。我仍在哀悼，緊抓住當年那個小女孩破碎的心、充滿裂痕的親情不放。當我停止哀悼，就能重新去愛。

我從恍惚狀態中清醒後，驚訝地發現目前這個世界已經不再樂意接受愛，我還注意到周遭的人都說「無愛」（lovelessness）早已是流行的常態。我覺得人們正奮力在逃離愛，如同我在孩提時期覺得被愛拋棄。我們一旦轉身逃離，就得冒著逃到靈性荒野的風險，那麼我們很可能再也找不到回家的路。我書寫愛的主題，是為了證明無愛是危險的，也為了召喚大家回到愛裡面。我們在愛裡獲得救贖與恢復，重新得到永生的保證。當我們去愛，就可以讓自己的心說話。

導言 GRACE: TOUCHED BY LOVE

恩典：被愛觸動

人可以直接跟自己的心對話，大部分古代文化都知道這一點。我們的確可以把「心」當成好友，和它交談。可惜現代人每天都有很多事務要忙，腦中的念頭轉個不停，因此，花時間跟內心交談這門重要的藝術已經失傳。

—傑克・康菲爾德（Jack Kornfield）

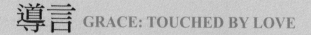

我家廚房的牆上掛著四張照片，是多年前我第一次走路去耶魯大學教書時看到的外牆塗鴉。牆上用鮮豔的色彩漆上標語：「就算前方有困難險阻，也要繼續追尋愛。」那時我才剛跟交往十五年的伴侶分開，經常覺得悲痛難當，彷彿自己的心和靈魂被一大片痛苦的汪洋沖走，覺得自己被拉進水裡，快要滅頂。我一直在尋找錨，支撐我浮在海面上，把我安全拉回岸邊。外牆上這句標語，以及用童稚筆觸畫的不知名動物，總是讓我精神一振。無論何時經過這裡，這句肯定「愛有可能發生」的話語就從街角逐漸蔓延開來，給了我希望。

這些作品上有某個本地藝術家的簽名，直接和我的心對話。我讀著這些字，心裡肯定這位藝術家正在經歷某種人生危機，若不是已經痛失親人，就是面臨失去的可能。我腦中幻想著和他討論愛的意義，讓他知道他生動的塗鴉如同錨一般使我安心，重拾對愛的信念。我還談到這句標語傳達出愛的承諾，即使這份愛仍等著被尋獲，而我依然盼望它出現，但這份承諾將我拉進了絕望的深淵。我心中有股沉重無望的哀傷，因為我和交往多年的伴侶分手，更重要的是，這份絕望源自於「愛不曾存在，而且找不到」的恐懼。就算愛在某處探頭，我這輩子可能沒機會認識它。那時我已經幾乎無法繼續相信愛的承諾，因為我去到每一個地方都發現權力的魅惑與恐懼造成的害怕心理，已經壓過了想去愛的意願。

某天，我在上班途中正滿心期待當日冥想時要來思索愛（這是塗鴉給我的啟發），卻訝異地發現建商用極其刺眼的白漆刷過塗鴉，只能依稀看到底下的圖案。我著實氣惱，因為看看那個塗鴉已經變成我每天的固定儀式，藉此肯定愛的恩典，我逢人就說我感到很失望。最後某人告訴我，他聽到傳言說，塗鴉被塗上白漆是因為那句標語是指感染愛滋病毒的人，那名藝術家可能是同性戀。或許吧，但也有可能是因為公開承認渴望愛，而且這份渴望極其強烈，光是說出口還不夠，還要刻意花力氣去追求，才讓潑油漆的這群人備感威脅。

我花了很大工夫總算找到那名藝術家，和他面對面談論愛的意義。我們談到可將公共藝術當成媒介，把肯定生命的想法分享出去。我們也都提到建商刻意遮掩這則強烈的愛的訊息，令人哀痛又惱怒。他把這個塗鴉的相片給我，讓我隨時記住這面牆。那次見面以後，我搬了幾次家，但不管搬去哪裡，都會把相片掛在廚房的水槽上方。這樣我每次喝水或從餐具櫃中拿碗盤時，眼前的照片都像在提醒我：我們渴望愛，設法得到愛，即使覺得找到愛的希望渺茫，依然盼望有愛。

—

現今我們的文化很少公開討論愛，頂多只有流行文化會提到我們對愛的渴望，因此我們從電影、音樂、雜誌、書籍等媒介當中看見對愛的渴求。但其中提到的愛有別於一九六〇至七〇年代盛行的那套勵志的言論，要我們相信「你所需要的只是愛」。目前流行的論調是：愛沒有意義，跟任何事都不相關。蒂娜．透娜（Tina Turner）有首歌的歌名就叫做「與愛何干」（*What's Love Got To Do With It*），可謂非常大膽，最足以闡明文化轉移的意涵。有次，我訪問一位知名女性饒舌歌手，至少比我小二十歲，問及她對於愛的看法，她的回答飽含尖酸的嘲諷：「愛，那是什麼？我的人生從來沒有愛。」聽了既震驚又心酸。

現今年輕人的文化對愛充滿懷疑與嘲弄。而這股憤世嫉俗的論調來自這群年輕人普遍的感受：愛無從找到。哈洛德．庫希納（Harold Kushner）在《你可以要的更多》（*When All You've Ever Wanted Isn't Enough*）一書中針對這一點表示憂心：「我擔心我們養出來的下一代，成年以後不敢去愛，不敢完全把自己交付給另外一個人，因為他們很可能在成長過程中看到付出愛是有風險的；若是感情破局，自己會有多傷心。我擔心他們長大以後會尋求親密，但不想冒險；只想要歡愉，但不想投注太多感情，以免吃虧。他們太害怕失望衍生的痛苦，寧可放棄愛與喜悅的可能。」年輕人不相信有愛，而他們最終戴上憤世嫉俗的巨大面具，以遮掩因遭受背叛而失落的心。

我遊歷美國各地，四處發表演說，以終結種族主義和性別歧視。每當我提到愛在追求公義的社會運動中占有一定的地位，聽眾（尤其是年輕人）就顯得坐立難安。說實話，社會上所有了不起的、追求公義的運動都強調愛的倫理。但年輕的聽眾仍不肯敞開心胸接受「愛是轉變的力量」此一看法。對他們來說，只有天真、軟弱、無可救藥的浪漫主義者才需要愛。這種態度反映出老一輩的成年人灌輸給年輕人的概念。伊麗莎白・伍澤爾（Elizabeth Wurtzel）是這個幻滅世代的代言人，在《歌頌難搞的女人》（*Bitch: In Praise of Difficult Women*）書中如此斷言：「我們當中沒有一個人變得更懂得愛，我們只是更害怕而已。我們小時候沒學到如何去愛，而我們做的抉擇多半加強了原先的感受和判斷：愛是無望無用的東西。」她這番話跟我從老一輩那邊聽到有關愛的言論，如出一轍。

我和同輩的人每次一談到愛，就發現每個人都顯得緊張害怕，尤其是在我說到「從未得到足夠的愛」時更是如此。我在好幾個場合上和朋友談到愛，就有人建議我去找心理治療師。我明白某些朋友只是聽煩了我一再提到愛的話題，覺得如果我去做心理治療，就不會再煩他們。但大多數人只是不敢深究愛在人生當中有何意義。

不過，年逾四十的單身女性只要提起愛的話題，老是有人基於性別歧視的思維，認定她是「急著」找男人。沒有人相信她只是對這個主題很感興趣，想從知識層面一探究竟。沒有人認為她正在進行嚴謹的哲學思辯，想方設法了解「愛」在日常生活中形而上的意義。不，她只會被看成想辦法得到「致命的吸引力」而已。

失望和無所不在的心碎感受，促使我開始深入思考愛在我們文化當中代表的意義。儘管我亟欲得到愛，卻並未因此失去理智或判斷的眼光。這份渴望激發我多方思考、談論愛、針對這個主題的通俗文章與嚴肅論述進行研究。我仔細閱讀以愛為主題的非小說類書籍，驚訝地發現絕大部分「備受推崇」的書——可能被當成參考書，甚至是大眾喜愛的心靈自助書籍——都是男人寫的。多年來，我一直認為愛主要是女人傾注心力與熱情去探究的主題，世上沒有其他人比女人更關切愛了。至今我仍保持這種看法，儘管女性針對愛提出的真知灼見，仍比不上男性的見解和著作那麼受重視。男人將愛理論化，但女人往往是愛的實踐家。大多數男人覺得自己接受了愛，因此了解被愛的感受；女人多半覺得自己總是在渴求愛，很想要卻從來沒得到過。

哲學家雅各・尼德曼（Jacob Needleman）著有《關於愛的小書》（*A Little*

Book About Love），書中針對許多愛的重要論述進行評論，幾乎都出自男性作家之手。他提出一份主要參考書籍清單，其中沒有女性寫的書。在我接受研究所訓練、準備攻讀文學博士期間，我記得只有一位女性詩人伊麗莎白・芭萊特・勃朗寧（Elizabeth Barrett Browning）被褒揚是愛的女祭司，但她被視為次要詩人。不過，就算是極少涉獵文學的學生，也聽過她最膾炙人口的十四行詩開頭兩句：「我要怎麼愛你？讓我細數愛你的方式。」那時女性主義尚未萌芽。當代女權運動興盛之後，希臘女詩人莎孚（Sappho）如今也被奉為歌頌愛的女神。

那時，在每一門創意寫作課上，致力於寫情詩的詩人都是男性。真的，就連我交往多年的那個伴侶，當初追我時也寫情詩。他一直都吝於付出感情，對於愛這個主題毫無興趣，既不肯討論，也不願在日常生活中實行，但他確實相信自己說得出有見地的話。我卻不然，總覺得自己成年後嘗試寫的情詩既傷感又可憐。我找不出確切的字眼來描述愛。我的想法太多愁善感、傻氣、膚淺。我少女時期對寫詩也很有信心，跟我成年後在男性作家身上看到的那種自信差不多。還是少女的我剛開始寫詩時，以為愛是唯一的題材，是最重要的熱情。事實上，我十二歲那年發表的第一首詩就叫「愛的一瞥」。我從少女長成為女人那幾年，突然明白一個道理：女人真的沒有什麼嚴肅的東西可以教導世人關於愛的意義。

於是我決定以死亡為主題。我身邊沒有一個人（教授和學生都一樣）懷疑女人認真思索或書寫死亡的能力。我第一本書裡每一首詩寫的都是死亡和垂死。儘管如此，卷首那篇名為「女人哀悼之歌」的詩寫的是慟失親人，拒絕讓死亡毀去記憶。細細思索死亡這個主題總是能夠帶領我回到愛。重要的是，這些年我見到許多朋友、志同道合的戰友和熟人死去，其中不少人年紀輕輕就突然離世，使我更常思考愛的意義。我快四十歲時發現自己疑似罹患某種婦女常見的癌症，在等待檢驗結果出爐時，我最先想到的是我還沒打算死，因為我尚未找到內心一直在尋找的愛。

這場危機剛過去不久，我生了一場重病，幾乎小命不保。想到自己有可能死去，我整天反覆想著愛對於我的人生和當代文化來說，有何意義。我既身為文化評論家，隨時都有機會仔細觀察大眾媒體（尤其是電影和雜誌）上出現的內容，如何對觀眾說明愛這種東西。媒體大多告訴我們，每個人都想要愛，但人們仍然不太明白怎麼在日常生活中實踐愛。在通俗文化中，愛總是一種幻想的東西。也許這說明了為何大部分關於愛的理論都是由男人提出來，因為幻想基本上是他們的專長，不論是在文化生產或日常生活中都是。男人的幻想被視為可用來創造現實，反觀女人的幻想被看成純屬逃避。因此羅曼史始終是女人的天下，透過小說篇幅展現一點談情說愛的權威。但是，當男人涉足羅曼史題材時，他們寫出來的作品要比女性書寫值錢得多。《麥迪遜之橋》（*The Bridges of Madison County*）一類的書是絕佳的例子。如果是女人執筆寫出這種感傷又淺薄的愛情故事（不過有些場面寫得不錯），它不太可能在主流市場大獲成功。

當然，女性是購買愛情小說的主力顧客，但男尊女卑的觀念無法解釋為何由女人寫的愛情類書籍少之又少。顯然女人迫切想聽到男人對於愛的見解。女人相信男女有別，這種思維可能會讓女人覺得她已經知道其他女人的見解。這類讀者大概覺得讀男人寫的書會有更多收穫。

我早期讀愛情的書，從未想過作者的性別。我只是急著想了解人們口中的愛是什麼，從未真正思考性別在何種程度上形塑了一個作者的觀點。直到我開始認真思考愛這個主題，動手寫有關愛的文章，我才開始思索女性處理這類題材的手法是否和男性不同。

我檢視有關愛的文獻時，注意到很少有作家（不分男女）談到父權文化的影響，亦即男人對女人和小孩的宰制，妨礙了愛的交流。我非常喜愛約翰・布雷蕭（John Bradshaw）所著的《愛的迷惑和自由：你真的懂得愛嗎？》（*Creating Love: The Next Great Stage of Growth*）。他大膽提出男性主宰（父權的體制化）和家裡缺乏愛之間有某種關聯。布雷蕭的作品提醒大眾注意「內在小孩」（inner child），他也因此知名。他相信終結父權文化便是朝愛的方向跨出一步。不過，他談論愛的著作逐漸失去關注，少有人推崇，不像某些男作家在書寫愛的同時，因為肯定了男女各司其職的觀念，而贏得更多關注。

如果我們真的想創造有愛的文化，就必須改變思考方式，採取不同的行為。書寫愛的男作家總是信誓旦旦說自己接受了愛，他們有立場說這種話，也因此得到一定的權威。但女人卻經常站在匱乏的立場，始終未能得到渴求的愛。

談論愛的女人之所以不太可靠，或許是因為受到啟發的女人針對愛提出的論點，很可能對男人至今提出的「幻像」構成威脅或挑戰。我喜歡讀男作家對愛提出的見解，也珍愛魯米（Rumi）和里爾克（Rilke），這兩位男性詩人用文字撩撥人心。男人大多透過幻想來書寫愛，藉由想像來寫有可能的事，而非自己確實知道的事。我們知道里爾克寫的一切跟他的人生無關，而一旦我們正視現實，偉大男性所說的愛的話語也無法幫助我們。即使約翰．格雷（John Gray）的作品讓我覺得不安氣憤，我坦承自己反覆閱讀《男人來自火星，女人來自金星》（*Men Are from Mars, Women Are from Venus*）。但我跟大多數男女一樣，想知道在幻想的疆土之外，愛的意義是什麼。我想了解愛的真諦，同時在生活中實行愛。

近來男性作家以愛為主題撰寫的暢銷心靈自助書，從《男人來自火星，女人來自金星》到約翰．威爾伍德（*John Welwood*）的《愛與覺醒》）（*Love and*

Awakening），幾乎全都採用女性主義觀點來說明兩性的角色。但這群男性作者仍執著於一般的信念體系，意謂著女人和男人有先天上的差異。事實上，許多具體證據皆表示儘管男人和女人經常持不同的觀點，這些差異是後天習得的特徵，並非「天生」的人格特質。假如「男女完全不同，各自居住於情感宇宙的兩極」這種說法為真，男性就不可能成為表述愛的無上權威。既然依照性別刻板印象，女性分配到感性、容易感情用事的角色，而男人則是理性、冷靜，那麼「真男人」就會避開談論愛。

儘管男性長久以來被視為這個主題的「權威人士」，只有少數男人能夠自在地分享對愛的看法。男人和女人平常都不太談論愛。多虧這樣的沉默，我們無須面對不確定。我們想了解愛，只是害怕太想了解愛的渴望，會帶著我們一步步走向無愛的深淵。儘管絕大多數美國人都有宗教信仰，而宗教宣稱愛有轉變的力量，許多人仍覺得自己根本不曉得該怎麼愛。而且幾乎沒有人懂得在日常生活中實行《聖經》中有關愛的理論，因而產生信仰危機。談論失去親人還比談論愛容易得多。侃侃說起沒有愛的痛楚比較容易，卻很難描述愛在人生中的存在和意義。

我們從小被灌輸要用頭腦（而非心靈）進行學習，因此許多人以為帶著強烈情緒談論愛會被視為軟弱、不理性。尤其是我們要說出口的話會讓人注意到「無愛比愛更常見」的事實，加上許多人就算開口談愛，仍不確定愛是什麼，抑或不知怎麼表達愛，也就更難開口談論愛了。

每個人都想更了解愛。我們想知道愛意謂著什麼，我們平常應該做些什麼，才能夠去愛，同時被愛。我們想知道，該如何勸誘始終執著於無愛的那群人，打開他們的心房，讓愛進來。這股渴望的力量並未改變文化中不確定的力度。不管在哪裡，我們都聽說愛很重要，卻屢屢面對愛的挫敗。不管是在家庭或愛情關係裡，其間的權力關係和宗教面向都極少有跡象表示愛引導人做出決定、加強人對於社群的理解、使我們團結起來。但這幅淒涼的畫面也不能動搖我們內心的渴望。我們仍然希望愛會戰勝一切，依舊相信愛的承諾。

正如那個塗鴉的宣稱，現實中仍有許多人對愛的力量深信不疑，而希望就繫在這份信念上。我們相信了解愛很重要，相信探求愛的真諦很重要。我在無數次私下聊天或公開對談中，屢次以自己為例證明我們文化中缺乏愛的情形日趨嚴重，人心惶惶，也聽到許多人說出類似的經驗。但除了絕望，還有冷漠憤激的態度，很多人一聽到「愛跟工作一樣重要，也跟追求成功的魄力一樣是國家永續的要素」的說法就皺眉頭。不過很棒的是，美國和其他國家不一樣，我們的文化有動力去追求愛（那是美國電影、音樂、文學的主題），雖然鮮少提供機會讓大家了解愛的意義，或者明白如何透過言行實現愛。

美國也竭力追求性的滿足，從各方面去鑽研、暢談或示範愛，坊間有傳授各式各樣性愛技巧的課程，甚至包括如何自慰。但沒有一間學校教人去愛。每個人都以為人天生知道如何愛。儘管有大量相反的證據，我們依然贊成家庭是學會愛最初的學校。許多人並未在家庭內學會如何愛，大家仍然覺得你會在戀情中體驗到愛。但我們無從理解這份愛，而且往往要用一生的時間來消除原生家庭造成的傷害，淡忘家人對我們殘酷、疏忽與各種冷漠的對待，也面對自身在戀情中的無能為力。

只有愛能夠治癒過去的傷痕。然而，我們經常因為創巨痛深而封閉心房，根本不可能給予愛，或接受別人給我們的愛。為了更加敞開心胸接受愛的力量和恩典，我們必須勇於承認自己對愛的理論和實踐幾乎一無所知。我們必須面對心中的困惑失望，因為我們所學到的愛的本質，既說不通也無法運用在日常生活。我仔細思索愛的日常實踐，思考我們怎麼去愛，需要做什麼才能讓文化中洋溢著愛，隨處可感受到愛的神聖，因而寫出這篇深思的導言。

如同這本書的書名所說的，我們想在愛蓬勃生長的文化氛圍中生活，亟欲終結瀰漫於社會的無愛狀態。本書告訴大家如何重回愛的懷抱，以嶄新的方式來思考愛的藝術，為愛足以轉變一切的力量提供了一個充滿希望與歡樂的願景，因而明白自己必須做什麼，方能再度去愛。本書搜集愛的智慧，讓我們知道自己得做什麼，才能被愛的恩典觸動。

1 CLARITY: GIVE LOVE WORDS

清晰：愛的定義

在我們這個社會裡，大家都覺得愛讓人難為情，就好像把它當成髒東西一樣，大家都不肯坦承有愛。光是說出「愛」這個字就讓我們結巴、臉紅。愛是人生當中最重要的事，我們會竭力爭取這份熱情，即使死了也甘願，卻又不願鬆口說出愛的名號。若無應付裕如的詞彙，我們就無法思考愛的概念，也無從討論起。

—黛安．艾克曼（Diane Ackerman）

我生命裡的男人總是不輕易將「愛」這個字說出口。他們之所以小心翼翼，是因為他們認定女人把愛看得太重，而且他們深知女人內心認定的愛，跟他們認定的愛並不相同。我們提到「愛」這個字時，並未真正弄清楚此字的含意，因此才覺得很難去愛。假如這個社會對於愛的意義有共通的理解，愛的行為就不會如此費解。「愛」在字典上的定義多半跟浪漫愛情有關，開宗明義的解釋是「對另外一個人抱著極為溫柔又熱烈的感情，尤其指建立在性吸引力上面」。其他幾種定義讓讀者了解一個人可能在某種環境下產生這種感受，但與性無關。然而，深情無法完整表達愛的意義。

談論愛的書籍大多設法避免給愛下清楚的定義。黛安·艾克曼（Diane Ackerman）在《愛的自然簡史》（*A Natural History of Love*）一書的導言中鄭重表示：「愛是最難描述的東西。」隔了幾行，她又說：「每個人都承認愛既美妙又不可或缺，但每個人心中的愛都不相同。」她接著含糊帶過討論：「我們草率地運用愛這個字，因此它要麼幾乎不具備意義，要麼可用來表示所有事物。」她並未在書中給愛下定義，無法對有心學習「愛的藝術」的人帶來啟發。但她就像其他作者一樣，用令人感到費解的文字來描摹愛。這個字的真正意義被遮掩，難怪大多數人在提到「愛」這個字時，覺得很難真切表達它的意義。

試想一下，若我們先有一個共通的定義，要學會如何去愛就變得非常容易。「愛」這個字大多被定義成名詞，但對愛頗有見地的理論家全都承認一件事：要是我們把這個字當成動詞，就可以更充分地愛。我花了好些年努力搜尋「愛」最充分的定義，終於在精神科醫師史考特．派克（M. Scott Peck）於一九七八年出版的經典心靈自助書籍《心靈地圖》（*The Road Less Traveled*）一書中找到，頓覺放心。他附和埃里希．佛洛姆（Erich Fromm）的說法，將愛定義為「有意願付出自我，以期滋養自身與他人的靈性成長」。他進一步解釋：「愛是看你做了什麼。愛是展現意願的行為，也就是有意圖和行動。出於意願也代表著選擇。我們不一定要愛，而是選擇去愛。」既然我們必須做出滋養成長的選擇，這個有關愛的定義恰與「我們憑直覺去愛」的普遍看法相違背。

每一個見證過小孩成長的人都可清楚看到，嬰兒從出生那一刻起，還不會說話、不知道照顧者的身分，就對愛與照顧有反應。嬰兒通常會以愉快的聲音或表情來回應。嬰兒稍微長大以後，面對照顧的反應是表達喜愛，一看到心中喜歡的照顧者就發出咕咕聲。喜愛只是愛的要素之一。要真正去愛，我們必須學著調和各種要素：關心、喜愛、認可、尊重、承諾、信任，以及坦誠的溝通。如果我們小時候學到愛的錯誤定義，長大後就很難展現愛。我們一開始努力走在正確道路上，卻走錯了方向。大多數人很早就得知愛是一種感受。當我們深受某人吸引，便聚焦在他身上，也就是投注感覺和情緒。在投入的過程中，所愛的人對我們來說變得重要，這稱為「感情投注」（cathexis）。派克在書中強調大多數人將「感情投注和愛混為一談」，頗有道理。我們都知道經常有人在投注感情的過程中，覺得跟對方培養了親近的關係，堅持很愛對方，即使被對方傷害或忽視也一樣。這些人的感覺來自於感情投注，卻堅持這種感覺是愛。

一旦我們明白愛是有意願滋養自身和另外一個人的靈性成長，就會清楚知道若我們傷害或虐待人，就沒資格說愛。愛與虐待無法共存。虐待和忽視在定義上恰是滋育和照顧的反面。我們常聽到有男人打老婆、小孩，接著去街角的酒吧情緒激昂地表示自己多麼愛家人。要是你哪天遇到這名妻子，她很可能堅持老公雖然會動粗，但仍愛著她。我們中的絕大多數人來自功能失調的家庭，常聽到家中大人說我們不夠好，在他人面前羞辱我們、謾罵或動手打我們，忽略我們的情感需求，卻又要我們相信自己是被愛的。對大多數人來說，很難全心接納愛的定義，畢竟這個字的定義無法讓我們看到家中有愛。許多女性必須牢牢抓住「對方愛我」的想法，好讓虐待行為變得可以接受，或者至少讓情況（不管發生過什麼事）看起來沒那麼糟。

我的父母會用言語羞辱子女，但也給我們很多關心照顧。在這樣的家庭中長大，我曾經難以接受「功能失調」一詞。因為我一直都對父母和手足充滿感情，也很自豪我們家有很多正向積極的面向，因此不願意用這個詞來形容我們一家人，因為它暗示了家人的相處全都是負面或不好的。我不希望父母覺得我在貶低他們。我很感激父母帶給這個家那麼多美好事物。當我開始尋求專業治療的協助，逐漸懂得將「功能失調」一詞視為有幫助的描述，而非全然負面的批判。我從小生長於功能失調的環境，長大成後仍得面對功能失調的原生家庭。但這並不表示這個環境裡缺乏關愛、欣喜和照顧。

在原生家庭生活的每一天，我可能因為聰明伶俐獲得關注，父母也鼓勵我繼續做個聰明的女生。但幾個小時後，他們又告訴我正因為我自以為很聰明，我可能會發瘋，接著被關進精神病院，而且沒人會去看我。想也知道，這種照顧和刻薄言語的古怪組合，無法為我的靈性成長帶來正面的滋養。若將派克對愛的定義套用在我的幼年經驗上，坦白說，我的原生家庭無法用「有愛」來形容。

在接受心理治療時，我被要求從「是否有愛」的觀點來描述原生家庭。我只得承認在家中並未感到有愛，但我的確覺得受到照顧。在原生家庭之外，我覺得有些家人真心愛我，比如我祖母。體驗到真愛（結合了關心、承諾、信任、了解、責任與尊重）呵護我受創的靈性，使我能夠從各種缺乏愛的行為中活下來。我很感謝在家中得到照顧，也深信父母若是得到雙親足夠的愛，也會把這份愛給子女。他們會將過去得到的照顧給予子女。請記住，照顧是愛的面向之一，但光是給予照顧並不表示我們表現出愛。

我跟許多從小遭受言語或身體虐待的成年人一樣，花了許多年試圖否認這些壞事曾經發生過，只願意回想愉快而令人回味的時刻，知道自己有得到照顧。以我來說，我越是有成就，就越是想閉口不談童年的真相。經常可以聽到心靈自助書籍與復原計畫的評論家表示，許多人一心渴望相信自己的原生家庭以前是、現在是、始終是功能失調而且缺乏愛，但我卻發現大多數人跟我一樣，不論家裡是否有極端的暴力或虐待情事，都不肯對自身經驗發表負面言論。許多人通常得透過治療的介入，可能是帶來啟迪的思想、文獻，也可能是心理治療，才有辦法用批判的眼光檢視童年經驗，承認這類經驗對我們成年以後的行為造成了各種影響。

多數人很難接受這種愛的定義：「我們在施加虐待的環境裡從未被愛」。許多遭受心理或身體虐待的孩童常聽到父母或主要照顧者告訴他們，愛可以跟虐待並存，而在極端的案例中，虐待是表達愛的方式。這種錯誤的思考往往形塑了成人對於愛的見解。所以要是我們繼續相信「從小傷害我們的大人很愛我們」，就會試圖為造成傷害的大人找理由，堅持他們是愛我們的。以我來說，我小時候經常被大人公開羞辱，這種對待方式延續到我成年以後的戀情。最初，我不想接受這種愛的定義，因為它迫使我面對可能的事實：原來我並未在最基本的人際關係裡了解到什麼是愛。經過數年的治療與批判省思，我才有辦法接受這個觀點：承認家裡（最基本的人際關係）缺乏愛，用不著覺得丟臉。如果一個人想達成自我復原（self-recovery），那麼讓靈魂健全、誠實並且如實面對無愛的狀態，是治癒過程的必經階段。缺乏長久持續的愛不代表沒有關心、喜愛或快樂。事實上，我有幾段長期穩定的戀愛關係，就像我和家人之間的親情一樣充滿關心，很容易就能讓我忘記情感功能失調的問題。

為了改變我和家人之間缺乏愛的互動，我必須先重新體認愛的意義，接著學會展現愛意。先界定愛，全心相信這個定義，是這個過程的第一步。我跟其他熟讀《心靈地圖》的讀者一樣，很感謝這本書為愛提供了一個定義，幫助我面對生命中缺乏愛的地方。那時我大概二十五、六歲，第一次明白愛是「有意願付出自我，以期滋養自身與他人的靈性成長」。我用了數年時間才擺脫從前學到的行為模式，那種模式使我喪失給予並接受愛的能力。其中有種模式讓愛的實踐尤為困難，那就是我總是跟有過情感創傷的男人交往，這種男人不太想展現愛意，即使他們渴望被愛。

我想了解愛卻又害怕臣服，遲遲不敢信任對方。我害怕親密。於是我便選擇不太想展現愛意的男人，這樣我就可以在不太令人滿足的情境下練習付出愛。自然，他們不能滿足我對愛的需求。我得到了習以為常的東西——關心和喜愛，通常帶有某種程度的不友善、忽視，某些情況下甚至是殘酷。我有時也會說出刻薄話。我花了很長時間才明白過來，儘管我想了解愛，其實我害怕親密。許多人選擇只有喜愛和關心的關係（但它不會發展出愛），因為這樣比較安全，風險沒那麼大，畢竟經營一段愛的關係要達到更強烈的要求。

許多人渴望獲得愛，卻提不起勇氣冒險。儘管我們滿腦子都想著愛，但事實是大多數人過著還算過得去、多少有些滿足的生活，雖然我們的內心總覺得缺少愛。我們在人際關係中感到真心喜愛，彼此關心，而大多數人覺得這樣似乎就夠了，因為我們通常在原生家庭得到的更少。毫無疑問，許多人甘願接受「愛對任何人來說都不一樣」的觀念，因為若我們精確清楚地界定愛，就得正視自身的欠缺和可怕的疏離。事實是，我們文化中有太多人不知道愛為何物，而這種無知感覺像是嚇人的祕密，是我們必須掩蓋的欠缺。

要是我早一些知道有關愛的清楚定義，就不用花上這麼多時間才成為一個有愛的人。要是我早一些把「愛意味著什麼的」的共通道理分享給其他人知道，就更容易創造愛。尤其令人苦惱的是，近來有非常多討論愛的書仍然認為不必給愛下定義，認為這麼做並無意義。更糟的是，某些作者表示愛對於男人和女人來說，代表了不一樣的東西——兩性應當彼此尊重，在溝通時互相遷就，因為我們沒有共通語言。這種著作受到歡迎，因為它不要求人針對性別角色、文化或愛的固定思維，做出改變。這種書不僅沒有提出策略，幫助大家變得更有愛，反而鼓勵每個人去適應缺乏愛的情況。

比起男人，女人更急著買這種書。這麼做是因為女人很關切無愛的狀態。既然有那麼多女人相信自己永遠不可能了解令人滿足的愛，她們甘願退而求其次，採取足以減輕痛苦的策略，在目前的關係中（尤其是戀情）感受到更多平靜、愉快和玩笑的成分。我們文化中沒有一種載體能夠讓讀者跟寫書的作者回應。況且，即使這麼做促成了有建設性的改變，我們也不知道是否真的有幫助。女人比男人更常買心靈自助書籍，花錢讓特定類型的書進入暢銷書排行榜，這種現象並不表示這些書真正幫助我們改變人生。我買了成堆的心靈自助書，其中只有幾本書真的改變了我的人生。許多讀者應該也是這種情況。

我們的文化沒有針對愛的實踐擬訂公共政策，一般人也從未針對愛的實踐持續進行討論，意謂著我們主要仍仰賴書提供指引和方向。大批讀者衷心相信派克給愛下的定義，同時將它有效運用在生活裡，達成改變。我們可以在日常交談中提到這項定義，以推廣這個概念，而且不光是跟大人交談時提到，也要跟孩童、青少年提起。當我們針對「愛無法被定義」的神祕假設加以干預、提出管用有效的定義時，便已創造出合適的環境，讓愛茁壯成長。

有些人難以接受派克給愛下的定義，因為他用了「靈性」（spiritual）一詞。他指的是我們的核心現實層面，人的心智、身體和靈性在這個層面上合而為一。一個人無需信仰宗教，也可以接納自我的「生命力法則」，那是一股生命力（有些人稱之為靈魂），它獲得滋養後，便可增強我們的能力，更加充分實現自我，同時與周遭世界進行交流。

先試著將愛想成行動而不是感覺。任何人只要保持這種想法，自然而然就願意承擔起全部責任，負責到底。我們都明白，人無從控制自身的「感覺」。不過，大多數人都同意，人是在做出選擇後採取行動，亦即我們所做的事是取決於意圖和意願。我們也相信自身的行為會造成後果。「行動形塑了感覺」的想法可幫助我們擺脫種種約定俗成的看法，像是父母一定愛子女，或者人在戀愛時沒有運用意志或選擇的能力，只是「墜入」愛河，或者世上有「為愛犯罪」這回事，例如他之所以殺她，只因為他太愛她。如果我們能夠經常記住一句話：愛是看一個人怎麼做（love is as love does），我們就不會再濫用這個字，讓它喪失意義，甚至變得缺乏價值。當我們去愛時，就會坦率且誠實地表達關心、喜愛、責任、尊重、承諾和信任。

有了定義，我們的想像才有起點。我們想像不到的事物，不可能化為現實。好的定義標示出起點，讓我們知道自己想抵達什麼樣的終點。我們朝著心嚮往之的目的地前進時，同時詳細記錄路況、畫出地圖。在追尋愛的道路上，我們需要地圖指引方向——就從「談到愛時，知道愛是什麼」開始吧。

2 JUSTICE: CHILDHOOD LOVE LESSONS

正義：童年的愛

幼年時嚴重的分離情況會在大腦刻下情緒傷痕，因為每一次分離都剝奪了人與人必要的連結，那是父母與子女之間的紐帶，使我們明白自己是討人喜歡的，也教我們如何去愛。若沒有人生最初的依附，我們便無法成為完整的人，千真萬確，我們可能會覺得做人很難。

—茱蒂・維斯特（Judith Viorst）

我們在孩提時代學到了愛，無論這個家充滿和樂或問題重重，是功能健全或功能失調，它是最早教導我們什麼是愛的學校。印象中，我從未想要問父母什麼是愛，我幼小的心靈覺得當家人表現出重視你的態度，好好對待你，你也用同樣方式對待他們，這份快樂的感受就是愛。愛始終是愉快的感受，沒有例外。我和兄弟姊妹在成長過程中被大人鞭打，還說是「為了我們好」，或「我這麼做是因為我愛你」，我們對此滿心困惑。為什麼嚴厲的責罰代表對我們的愛？但我們就跟其他小孩一樣，只能假裝接受這種大人的邏輯，雖然我們心裡知道這樣是錯的，是在說謊，就好像大人在嚴厲責罰過後總說：「你痛，我比你更痛。」小孩不明白為何一直以來敬愛的長輩竟對自己施加無情的責罰，但這套說詞比體罰更令人不解。遭受這種對待的小孩很早就開始質疑愛的意義，渴望得到愛，即使懷疑愛是否存在。

反過來說，也有非常多小孩從小到大相信愛是愉快的感受，從未受到責罰，得以相信愛就是滿足自己的需求和欲望。他們幼小的心靈覺得愛不是必須給出去的東西，基本上是別人給予的東西。這些孩子要不是擁有太多物質享受，就是父母允許他們發洩情緒，這都算是照顧不周。儘管這些孩子並未遭到虐待，亦非乏人照料，但就像缺乏關注、覺得自己沒人愛的孩子一樣，不明瞭愛的意義。這兩類小孩都在獎勵與懲罰的背景下，思索愛和愉快感受之間的關係。大多數人從很小的時候開始，就記得自己做出讓爸媽高興的事時，會聽到我愛你；我們同時學會在父母討我們歡心時，對他們表達愛意。隨著年紀增長，小孩越來越認定愛和展現關注、關切與關愛的行為有關聯，依然認為努力滿足其欲望的父母是在付出愛。

不論哪個階層的小孩都對我說他們愛父母，而父母也愛他們，即使是正遭受傷害或虐待的小孩也這麼說。若要求他們給愛一個定義，年紀較小的小孩大多同意那是愉快的感受，「就好像你可以吃到喜愛的食物」，如果是最愛的食物就更棒了。他們會說：「媽咪很愛我，因為她照顧我，教我把事情做對。」被問到如何愛人，他們說要給對方擁抱和親吻，表現得貼心可愛。「愛是得到想要的東西」，不論是一個擁抱、一件新毛衣，或一趟迪士尼樂園之旅，這種思考愛的方式，使小孩很難獲得更深層次的情感理解。

我們很容易認定大多數小孩都生在能被愛的家庭。但若擔任親職的大人不懂得怎麼愛人，就不會有愛。儘管許多小孩在家中獲得某種程度的照顧，愛可能時有時無，甚至並不存在。不分階級、種族或性別，許多成年人對家庭提出控訴，其證詞說明了許多人的童年缺乏愛，充斥其間的是混亂、疏忽、虐待與壓迫。露西亞・霍奇森（Lucia Hodgson）在《在禁錮中長大：美國為何對不起孩童？》（*Raised in Captivity: Why Does America Fail Its Children?*）一書中，記錄了美國大多數孩童生活中沒有愛的實際狀況。每天社會上有數千名兒童遭受言語或身體上的虐待、挨餓、遭到毒打或殺害。他們是親密恐怖主義的受害人，因為小孩無法集體發聲，亦無權利。對於負責養育的大人來說，孩子始終是財產，想怎麼處置都行。

少了公平正義，就不可能有愛。大多數的孩童不可能了解愛，除非我們身處的文化既懂得尊重孩童，也為孩童伸張基本的公民權利。在我們的文化中，每一戶人家都是制度化的權力場域，很容易流於專制或威權形式。雙親是絕對的統治者，通常自行決定什麼對子女最好，不容干預。任何家庭的小孩，倘若權利被剝奪，也沒有法律資源，不像女性可以組織起來，抗議性別歧視或宰制，要求平權與正義，孩童若在家中受到欺凌或壓迫，只能仰賴好心人士出手相助。

我們都知道，無論階級或種族，成年人鮮少質疑或插手管同儕對其子女做了什麼。

某次輕鬆的晚間聚會，在場大多是教育程度高、收入豐厚的專業人士，來自各個種族和年齡層，有人提出可不可以動手教訓小孩的話題，幾乎所有三十歲以上的人都說體罰有其必要。在場許多人小時候都曾遭掌摑、鞭打或挨揍。男人大聲為體罰辯護，女人（大多是母親）則說動手打是最後的手段，必要時才會出手。

某個男人滔滔形容他小時候被母親打得多厲害，說「他們都是為他好」，我插嘴表示假如他小時候沒有被女人毒打過，今天可能不會仇視女人。雖說「小時候挨打，長大就會打人」這種結論有些輕率，我希望在場人士承認自己小時候被大人痛打或虐待的經驗，對日後的人生造成不良的後果。

有位年輕的女性專業人士，育有一名小男孩，吹噓說孩子不乖的時候，她不打他，而是用力掐他的肉，一直捏到他明白她的意思為止。但這也是利用脅迫，造成傷害。其他人都支持這名母親和那位先生的做法，我大感震驚，但只有我為孩童的權利發聲，孤掌難鳴。

稍後，我向其他人表示，倘若我們剛才是聽一名男人說每回他太太或女朋友做出讓他不高興的事，他就會掐她的肉，使勁捏她，大家應該會嚇一跳。他們會認為這種行為既是脅迫，也是虐待。但他們卻不肯承認一名大人用這種方式傷害小孩是錯的，在場所有人都宣稱自己很有愛心，他們全都受過大學教育，幾乎都說自己是開明寬容的自由派人士，支持公民權和女性主義。但說到兒童的權利，他們另有一套標準。

若我們想要打造更有愛的文化，有一項社會迷思必須拆穿，那就是灌輸家長「傷害和忽視可以與愛並存」的歪理。傷害和忽視抵銷了愛，而關心和肯定（傷害與羞辱的反面）是愛的基石。沒人能在做出傷害舉動時，還振振有詞說自己有愛，但我們文化中的父母老是這麼做。即使孩童正飽受傷害，還是會聽到動手的大人說愛他。

傷害虐待正在發生，證明了愛的實踐是失敗的。

在《從少年變成男人》（*Boyhood, Growing Up Male*）一書中，許多親身作證的男性說到父母行使暴力，造成創傷。鮑伯・薛爾比（Bob Shelby）在〈父親打我的時候〉（*When My Father Hit Me*）一文中，描述不斷遭爸爸責打的苦痛：「我和父親相處的經驗教會了我，何謂濫用權力。他打我母親也打我，這樣我們就不敢對他的羞辱有所反應。我們不再抗議他逾越了界限，他漠視我們身為個體，有自身的需求、要求和權利。」薛爾比從頭到尾都在表達對「愛的意義」的理解非常矛盾。他一方面說：「我一點也不懷疑父親愛我，但他的愛用錯了方向。他說他想把自己童年時缺乏的東西給我。」但另一方面，薛爾比坦承：「但我只在他身上看到，他很難被愛。他終其一生都在努力克服自己不被愛的感受。」薛爾比形容童年情景，顯然他爸爸是疼愛他的，有時也對他付出關心。不過，他爸爸不曉得該如何給予並接受愛。傷害虐待削弱了他給出去的疼愛。

薛爾比成年後回想這一切，把它寫出來，尤其是身體傷害對他小時候的心理造成了衝擊：「我越是感受到挨打的疼痛，就越覺得內心很痛。我發現傷我最深的是：我心裡愛著這個正在打我的男人，於是我用黑布一樣的恨意來掩飾愛。」其他男人──不分階級或種族──在敘述個人生平時，都提到類似的故事。很多人以為「無愛」只存在於窮人當中，這是關於無愛的迷思之一。然而，無愛並不是貧窮或匱乏所造成，有些家庭提供相當豐沛的物質享受，孩子依然感受到情感忽視和傷害。《從少年變成男人》中有一些男人想辦法接受某種形式的治療，處理童年時期造成的創傷。他們必須先治癒，才能重新找到那條通往愛的路。

我們文化中有許多男人畢生活在童年時期的殘酷陰影底下。研究顯示不論男女，若反覆受到傷害與暴力對待，卻沒有人介入關心，很可能變得無法正常生活，也更容易對別人造成嚴重傷害。賈維斯・傑・麥司特（Jarvis Jay Masters）的《尋回自由：死囚的書寫》（*Finding Freedom: Writings from Death Row*）一書，有一章叫做「傷疤」，述說他發現到的事實：有非常多囚犯（並非全是死囚）的身上布滿傷疤，大家都以為這些傷來自於成人之間的鬥毆，其實這些傷疤是因為小時候遭到父母痛打，但據他所寫，沒有人認為自己受到虐待，或自認是受害人。「我在牢裡待了這麼多年，發現自己就跟這些男人一樣，無意識地躲進監牢尋求庇護。直到我接連讀了幾本寫給從小受虐的人看的書，我才決意開始檢視童年。麥司特安排這些人進行團體討論，寫道：『我對十幾個單位裡的人提到我承受的痛苦，而且我向他們說明這些事最終讓我陷入一種模式：對每件事都看不順眼，常常想發飆。』這些囚犯就像其他飽受傷害的男人或女人，曾經遭到父母或其他擔任親職的照顧者毆打。」

麥司特的母親過世時，他無法陪在她身邊，為此感到哀痛。其他囚犯不明白他為何有這種渴望，畢竟她忽略他、虐待他。他回應道：「她以前忽略我，難道我也要忽略自己的感受，否認我想在她臨終時陪在她身旁，否認我仍然愛她？」麥司特雖是待決死囚，卻仍保持開放的心態。而且他能夠坦白承認自己很想付出愛、接受愛。大多數的孩童即使被照顧的大人傷害，仍然非常想要愛大人，也想獲得對方的愛。許多人在童年時受過傷，長大以後依舊盼望冷漠的雙親會愛他，即使他心中很清楚這份愛永遠不會出現。

很多時候，小孩被主要照顧者傷害了，卻仍想留在此人身邊，因為孩子把感情投注在照顧自己的大人身上。即使面對被虐待的事實，也記得受虐的經過，小孩始終認定雙親是愛他們的，因而否認虐待，只記住他們偶爾給予的照顧。

約翰．布雷蕭在《愛的迷惑和自由：你真的懂得愛嗎？》的引言中，將對愛的迷惑稱為「大惑不解」（mystification）。他說：「我從小到大被灌輸『愛是根植於血緣』的觀念。你自然而然愛家裡的每一個人，愛不是一項選擇。我所知道的愛是繫於責任和義務……。家人教我了解文化當中對愛的規範和信念，即使父母的出發點良善，他們還是常常分不清什麼是愛，什麼是目前所說的虐待。」為了揭開愛的意義、愛的藝術與實踐的神祕面紗，我們和孩子溝通時，必須針對愛提出完整的定義，還得確保愛的行為不帶有一絲一毫的傷害。

像這樣不肯給孩童完整公民權的社會，擔任親職的大人學會採用有愛的管教方式就很重要。愛的教養的核心之一是在孩子展現不良行為之前，先設下界限，並且教導孩子設定界限。一旦父母開始用懲罰方式進行管教，就變成一種模式，孩子只能做出回應。有愛的父母從不懲罰孩子，但這不意味他們完全不懲罰，而是他們要懲罰孩子時，會採取的做法是取消某種活動或拿走某樣孩子獨享的東西。他們的重點在於教孩子學會自律，並且為自身的行為負責。由於我們大多數人都是在認定懲罰是主要管教方式的家庭中長大，許多人對於管教無須懲罰這件事感到驚訝。若想教孩子自律，最簡單的方式之一是讓孩子在日常生活中學會保持整齊，弄亂了就自己收拾。光是教孩子在遊戲時間結束後，將玩具歸回適當的位置，就是在教他們負責和自律。玩遊戲時弄得一團亂，就試著收拾整齊，如此孩子就學會負責任。而且這種實際的行為還可教會孩子處理情緒上的混亂。

要是今日的電視節目真的呈現出溫柔的教養方式，家長便可學習這些技能。

拍給家庭看的電視節目裡，放縱的孩子老是一副不尊重人的德行，或隨意發洩情緒。這些孩子多半表現得比父母更像大人。我們現今在電視上看到不太得體的行為，都還算是好的，可能出現的最糟狀況是缺乏愛的行為。像《小鬼當家》（*Home Alone*）這類頌揚違抗和暴力的電影就是個例子，但是電視大可刻劃充滿愛與關心的家庭，好幾個世代的大人都以懷念的口吻談到他們多希望自己家就像《反斗小寶貝》（*Leave It to Beaver*）或《三代同堂》（*My Three Sons*）中虛構的家庭面貌。我們非常希望自己家就像在螢幕上看到的家庭，因為我們見證到愛的教養方式與溫馨的家庭氣氛。若開口跟父母說我們很想有螢幕上那樣的家，就會得到「現實裡才沒有那樣的家」這種答覆。然而，實際情形是：來自冷漠家庭的父母從來沒學過愛他人，因此無法創造出有愛的家，也無法將電視上的溫馨家庭看成符合現實。他們熟悉而且相信的現實是自身經歷過的現實。

電視節目裡解決問題的方式並非像烏托邦一樣難以實現。父母跟子女討論後深切思考，找到改正的方式，便是處理不良行為的過程。上面兩齣影集裡，家長的角色都不只一個。即使《三代同堂》裡缺少母親一角，可愛的查理叔叔便是另一個家長。一個溫暖的家往往有好幾個親職照顧者，這樣當孩子覺得某位長輩表現得不公平，就可要求另一名長輩介入調解，尋求其他長輩的理解或支持。在我們身處的社會裡，越來越多男人和女人都變成單親。不過，身為單親父母的人不妨選個朋友充當家長的角色，哪怕他們和孩子僅有一些互動也好。這也說明了教母和教父之類的角色非常重要。當我最好的女性朋友決定生小孩，但家裡沒有父親時，我就變成孩子的教母，充當第二個母親。

我朋友的女兒若和媽媽之間有誤會或溝通不良的情況，會找我出面。舉個例子：我朋友小時候從沒拿過零用錢，也覺得自己沒有多餘的錢給女兒當零用錢。她還認為女兒會把所有的錢拿去買糖果。她告訴我，女兒為這件事生她的氣，還主動要求我們倆談一談。我告訴她，我認為零用錢很重要，可以教導孩子紀律、界限，釐清欲望和需要的不同。我很清楚朋友的經濟狀況，她並非沒錢，不該連一點點零用錢都堅持不給，同時鼓勵她放下童年所受的委屈，別把它投射到現在。至於女兒會不會買糖果，我建議她在給零用錢時，向女兒表示希望她別亂花，再看看情況如何。

結果成效不錯，這個女兒很高興有零用錢，決定把錢存下來，買她認為真正重要的東西，而清單上沒有糖果這一項。要是沒有另一個人擔任家長的角色，母女倆很可能得花上更多時間解決這個衝突，進而產生不必要的疏離與傷害。重要的是，女兒看到了兩個大人之間的愛和相互尊重的討論（我們有告知她），她從這個例子中學到解決問題的方法。這名母親示範給女兒看，她有雅量接受批評，也有能力反省自己的行為，做出改變，而且並未失去尊嚴或權威，反而體認到父母未必是對的。

除非我們開始看到社會上各行各業的人都採取愛的教養方式，否則許多人仍然繼續相信大人只能透過懲罰來管教小孩，認為對小孩施以嚴厲體罰是可以接受的。由於孩童天生懂得關愛，也會在接受溫柔照顧之後，回報這份愛給照顧者，因此許多人誤以為孩童天生知道如何去愛，無須學習愛的藝術。事實上，儘管嬰幼兒有意願去愛人，他們依然需要大人提供引導，才能夠學會愛的方式。

愛要透過行動展現，而我們有責任對孩子付出愛。我們在愛孩子的時候，藉由每一個行動表示我們知道孩子不是財產，他們具有權利，而我們尊重也維護孩子的權利。

沒有公平正義，就不會有愛。

3 HONESTY: BE TRUE TO LOVE

誠實：對愛坦承

當我們向伴侶袒露自己的內心，發現這麼做帶來療癒而非傷害，就有了一項重大發現：親密關係能夠為我們提供庇護，使我們暫時逃離世上虛飾的門面，進入一處神聖空間，在這裡做真實的自己……。這種揭露自身不完美的行為，諸如說出實話、坦承內心的掙扎、顯現未經修飾的一面，是神聖的活動，讓兩個靈魂相遇，深深碰觸。

—約翰．威爾伍德（John Welwood）

我們小時候通常是在面臨該不該說實話的尷尬情況，看到自身和這個世界的真實面目，並不是我們想要的樣子，才第一次明瞭正義和公平待遇的概念。這是有道理的。近年來，社會學家和心理學家的研究已經表明人們一天比一天更懂得說謊。哲學家希西拉・博克（Sissela Bok）所著的《說謊：公領域與私領域的道德抉擇》（*Lying: Moral Choice in Public and Private Life*），很早就指出「說謊變成可以接受，而且頻繁出現在日常互動」的嚴重情況。史考特・派克的《心靈地圖》有一整章專門談論說謊。另一位擁有眾多讀者的臨床心理師哈里特・勒納（Harriet Lerner），在《欺瞞之舞》（*The Dance of Deception*）一書中強調女性是如何在男性至上的社會化過程中，被鼓勵藉由假裝或操縱，以欺騙的手段來討好人。勒納概述各種女性慣常採取的做作或說謊方式，這些造成女性和自身真實的感受產生疏離，甚至變得沮喪或失去自我意識。

我們在日常生活中微不足道的小事上說謊。很多人被問到像是「今天過得好嗎？」這種問題，就隨口撒謊打發。人們說謊大多是為了避免衝突或不想傷害對方的感受。因此，被問到是否願意和某個你不太喜歡的人共進晚餐，你不肯說實話，也沒有一口回絕，反而編造理由。你說謊。遇到這種情況，若你覺得說出理由可能傷感情、沒必要這麼做，那麼直接回絕應該是最適當的。

許多人從小學會說謊，通常是為了逃避懲罰，或者不想讓大人失望或難受。許多人應該都還記憶猶新，有幾次鼓起勇氣展現誠實，只因為父母說誠實是美德，卻發現他們有時候根本不想聽實話。有太多例子顯示，孩童在面對有權威的大人提問時，誠實作答便遭到懲罰。於是，這種經驗很早就刻在孩子的意識上，知道說實話會造成痛苦，因此了解到說謊是避免受傷或傷到別人的做法。

很多小孩一再被要求誠實，卻同時得學著看情況講謊話，因此感到不解。他們懂事以後，逐漸看出大人有多常撒謊，發現周遭沒幾個大人說實話。在我那個年代，大人教導小孩要說實話，但我們很快發現大人往往說一套做一套。我們兄弟姊妹裡面，會講大人愛聽的話或場面話的那幾個總是更討喜，獲得更多獎賞，而我們幾個說實話的小孩比較吃虧。

在一群小孩當中，不知道為什麼有些孩子很快就掌握掩飾的技巧（亦即隨情況變換外表，以巧妙控制情勢），而有些小孩覺得很難遮掩真實的感受。既然打從童年嬉戲開始，小孩就必須拿出偽裝，孩童的遊戲正是練習掩飾技巧的最佳情境。雖然掩飾真相通常是童年遊戲中的一個有趣部分，但若老是這麼做，就會成為一天到晚說謊的危險前奏。

小孩有時候對說謊很著迷，因為他們發現說謊帶來權力，讓大人處於下風。設想一下，一個小女孩上學，對老師說她是被收養，但她明知這不是真的，只因為她喜歡藉此獲得關注，包括老師給予的同情和諒解，以及雙親在老師致電談這件事時，得知她說謊後的挫折與怒氣。我有個常撒謊的朋友對我說，她喜歡愚弄人，用只有她知道是假的情報騙對方採取行動。她才十歲。

我在她那個年紀時很怕說謊。謊話造成混淆，令我困惑。我還因不擅說謊遭其他小孩取笑。某次我父母吵得很兇，父親指控母親對他說謊。另外一次，我某個姊姊撒謊說她去幫人看顧小孩，其實是出去約會。父親動手打她時，不停大吼：「不要騙我！」儘管他激烈的反應讓我們知道說謊的後果很可怕，卻沒能改變一個事實：我們知道他並非總是說實話。他最愛用「隱瞞」的方式說謊，要是有人問他問題，他會用「保持沉默」來搪塞（算是他的座右銘），這樣就不會「說謊被抓包」。

我愛過的男人往往在做出不恰當的行為之後撒謊，以逃避衝突或推卸責任。朵樂西．汀納斯坦（Dorothy Dinnerstein）所寫的《美人魚與牛頭怪》（*The Mermaid and the Minotaur*）極富開創性，她在書中提出一個觀點：當小男孩發現有權力控制自己生活的母親，其實在父權體制下毫無權力，會感到困惑、憤怒。他就會利用說謊來讓母親無力應對。說謊讓他得以操控母親，即使他暴露出母親缺乏權力的事實。這讓他覺得自己更強大。

男性學習說謊是為了獲取權力，而女性說謊不只為了同樣理由，也是為了裝作沒有力量。勒納在書中討論父權社會極力擁護欺騙，鼓勵女性對男性展現虛假的自我，反之亦然。多莉．歐蘭妲（Dory Hollander）在《男人對女人說的一百零一個謊》（*101 Lies Men Tell Women*）一書中力陳儘管男女都會說謊，但她蒐集到的數據和其他學者的研究成果在在顯示「男人更常說謊，造成更具毀滅性的後果」。對許多年輕男性來說，人生最初嘗到握有權力的快感，是說謊之後沒有被更有權力的大人發現。很多男人跟我說如果他們發現說真話會傷害至親好友，就很難說出口。值得注意的是，很多小男生開始說謊是為了避免傷害媽媽或其他人，逐漸習以為常後就很難分辨謊話和真話。這種行為直到成年依然存在。

經常可見到在職場上從不說謊的男人頻頻對愛侶說謊，尤其是認定女人比較好騙的異性戀男性。許多男人坦承會撒謊是因為知道自己可以脫身，任何謊都會得到原諒。想了解為何我們社會對男性說謊比較容易接受，就必須先了解在父權文化中，只要身為男性就可享有權力和特殊待遇的現象。「身為男人」和「真男人」的概念本身始終暗示著男人在必要時，會採取各種打破規則、超越法律的行動。父權文化每一天都透過電影、電視、雜誌告訴我們，有權勢的男人可以隨心所欲；是這份自由讓他們成為男人。傳遞給男人的訊息則是做人誠實就是「軟弱」。有使詐的能力，而且對後果無動於衷，讓男性變得剛強，不再是男孩。

約翰・史托騰伯格（John Stoltenberg）透過《男子氣概的末路》（*The End of Manhood*）分析在父權文化中給予男人的陽剛身分（masculine identity），並將此視為理想，正是要求所有男性努力創造出「假我」（false self）的元凶。從小男孩被教導不該哭泣或說出受傷、孤獨感或痛苦的那一刻起，因為男生必須堅強，他們就開始學著遮掩真實的感受。最壞的情況是，他們學著從此不再對任何事有感覺。這些教誨通常由其他男性或深信男性優越的母親傳達給男孩。即使是在充滿愛、觀念先進的家庭長大的男孩，受到雙親鼓勵要表達情緒，也會在操場上、教室裡、運動或看電視時，對於「男子氣概」或「感受」學到不同的理解。他們可能最後選擇父權認可的男子氣概，以求被其他男孩接納，並且獲得有權力的男性成人的肯定。

維克多・賽得勒（Victor Seidler）在他的重要著作《重新找回男性氣概》（*Rediscovering Masculinity*）中強調：「我們男生小時候學習語言時，很快學會透過語言來隱藏自己。我們學會『掌握』語言，好控制周遭的世界。儘管我們設法將人際關係中的不快樂或不幸歸咎於他人，但我們在明白自己不太能感受到情緒，因而覺得受傷或痛苦時，其實某種程度上有覺察到自己的男子氣概是有限、受損的。」與心中感受的疏離，使男人更容易撒謊，因為他們經常處於恍惚狀態，利用小時候學到的生存策略——主張男子氣概。由於缺乏和他人連結的能力，也就無法承擔造成他人痛苦的責任。這種情況在某些案例中特別明顯，男人對力氣小得多的人（通常是女人）嚴重施暴，卻設法合理化其行為，不僅矢口否認，還暗示自己受到女人的迫害。

不論男人偽裝的企圖有多強烈，許多男人內心覺得自己是「無愛」的受害者。他們和其他人一樣，從小就學會相信生命中有愛。儘管很多小男孩被教導表現出愛不重要的樣子，他們仍渴望得到愛。他們變成男人以後，這份渴望也不會就此消失。說謊是一種發洩的形式，而男人藉由說謊來道出對愛落空的憤怒。但他們為了接納父權文化，必須主動放棄對愛的渴望。

父權強調的男子氣概，不只要求男孩和男人將自己視為比女人更強大更優秀的性別，也要求他們盡最大努力維持控制的地位。這說明了為何在兩性關係中，男人比女人更常利用撒謊來獲取權力。父權文化中普遍認定，在其中一方（個人或團體）主宰另一方的情況下，愛依然存在。許多人相信男人可以在宰制女人和小孩之餘表現出愛。分析心理學巨擘卡爾．榮格（Carl Jung）強調「當主宰的意志凌駕一切時，愛便不復存在」此一自明之理，很有見地。無論你和哪個族群（不分種族或階級）的女人聊到她們跟男人的關係，你聽到的故事千篇一律：男人亟欲主宰，並且利用說謊或隱匿部分事實等做法，進行控制與宰制。

——

在我們社會中，隨著女人獲得越多的社會平等，文化對於說謊的接受度也越高，此一關聯並非偶然。女權運動初期，女性再三表示男人占上風，因為男人通常掌握家中經濟。如今女人賺錢的能力大幅提升（雖說尚未和男人達成平等），女人的經濟更獨立，想要維持主導地位的男人必須運用更微妙的策略，才能繼續統治女人，剝奪女人的力量。就算是收入豐厚的職業女性也可能在進入一段關係後，渴望被愛卻一直遭欺騙，而感到失望。更嚴重的情況是，由於她信任男性伴侶，說謊和其他形式的背叛極可能粉碎她的自信和自尊。

若想落實男性統治，對這套思維深信不疑的男人（雖非全部，但為數頗多）必須「以任何必要的手段」來支配女人。儘管社會上已將家庭暴力視為文化問題，幾乎每個人都同意男人動手打女人是不對的，但大多數男人利用心理恐怖主義來駕馭女人。這是社會普遍接受的壓迫形式，而說謊便是這座軍火庫裡最強大的武器。當男人對女人說謊，展現虛偽的自己，以維持他們對我們的「主導權」，男人付出了慘酷的代價：喪失給予和接受愛的能力。信任是親密關係的基石。一旦謊言破壞了信任，真正的連結便無由產生。儘管宰制他人的男性能夠也的確體驗到持續的關心，但他們在自身和愛的體驗之間築起一道藩籬。

所有深具卓識、挑戰男性統治思維的男性思想家都反覆強調，男人唯有放棄宰制的決心，才能重新回到愛裡面。在《男子氣概的末路》一書中，史托騰伯格不斷強調男人只有透過「愛的正義」，才能夠尊重自我的人格。他強調：「人所能擁有最重要的連結，或許是人與人之間的公平正義。」對自身和他人感受到愛的正義，使男人得以掙脫父權文化套在他們頭上的緊箍咒：男子氣概。在「如何與生命中的女人建立更好的關係」一章中，史托騰伯格寫道：「若你將其他男人的男子氣概看得更重要，男人和女人之間絕不可能有愛的正義。當男人決定將男子氣概放在正義之前，他和每一個女人之間會有什麼樣的關係，是可以預見的。努力活得像個有良知的男人，表示你決定要付出更多忠誠給你所愛的人，儘管你有時仍然非常看重其他男人的男子氣概。」當男人和女人對自身和他人忠誠，而且熱愛正義，我們就能充分了解說謊會以非常多種方式減損和破壞有意義的愛的連結，說謊阻撓了愛。

既然男人的價值和行為通常在社會上被當成可接受的標準，我們最好明白原諒說謊是父權文化灌輸給大家的基本思維。絕不只有男人利用謊言獲取支配別人的權力。究其實，如果父權提倡的男子氣概讓男人和自身的人格疏離，那麼全心相信父權體制的女性氣質的女人，也同樣在社會化過程中被灌輸女人的舉動要柔弱，女人無法進行理性思考、既蠢且笨，被教導要戴上面具——說謊。這也是勒納所寫的《欺瞞之舞》一書的主題。她提出犀利的見解，女人既然參與了建造這個偽裝與謊言的體系，尤其是在家庭生活方面，就負有責任。女人為了得到某樣事物（不論是想要或覺得自己有資格擁有），就對男人灌迷湯，不覺得有何不妥。比方說，我們可能為了提升某個男性的自尊而說謊。這些謊言的形式包括假裝感受到某種情緒，或在某種程度上裝成情感脆弱，或者假裝需要關心。

異性戀女人多半由其他女人傳授利用說謊遂行操控的手腕。女性在說謊方面獲得的支持，大多跟尋找配偶、生育子女有關。那時我想生個小孩，但另一半還沒準備好，非常多女人鼓勵我要生就生，用不著管他的感受，不必告訴他，讓我大為驚訝。小孩有權利在親生父母都想生的情況下出生，但她們覺得可以剝奪嬰兒這種權利（女人用捐贈的精子生子並非欺騙，因為在這種情況下，沒有實質上的父親拒絕或懲罰一個他不想要的小孩）。我所尊敬的女性竟然不把父親的親職角色當一回事，或者認為男人想不想當父親不太重要，使我不安。無論如何，在我們目前的世界，孩子還是想知道父親的身分，如果父親不在身邊，會伺機尋訪父親的下落。我無法想像在父親根本不想要小孩，有可能不認這個孩子的情況下，把孩子生下來。

我成長於五〇年代，當時尚無適當的避孕方式，每個女性莫不深切意識到懷上沒人要的孩子可能會改變年輕女子的一生。話雖如此，顯然那時有些女孩仍希望藉由懷孕，用感情拴住某個男人一輩子。我以為那個時代早已遠去，但即使在兩性平等的時代，我還是聽說不少女性在一段感情觸礁的時候，決定靠懷孕來留住男人，甚至逼他結婚。的確有不少男人（超乎我們想像）覺得當女人生下他的親生小孩，他有義務留在她身邊。男人在遭受欺騙或控制的情況下必須承擔親生父親一職，既是錯誤也不公平。男人被迫接受對方的謊言或操控手段，不僅放棄了自身的權力，同時還醞釀出一個局面：既可「責備」女人，又可將「仇女」情緒合理化。

這是利用謊言獲取權力、迫使別人就範的另一個例子。勒納提醒讀者，誠實只是說真話的面向之一，等於「道德上的優越，沒有欺瞞或詐欺」。父權體制下的「女性氣質」常讓女人的欺騙變得可接受。然而，當女人撒謊，我們傾向相信古老的性別刻板印象，亦即女性天生較缺乏說真話的能力，畢竟她們是女性。這種性別刻板印象可上溯至遠古時代的亞當與夏娃，而夏娃願意對上帝說謊。

女人或男人在隱瞞部分事實時，多半會拿保護隱私當託辭。而我們的文化經常搞不清楚隱私和祕密的分別。坦白、誠實、說真話的人重視隱私。我們都需要獨處的空間面對自己的想法和感覺，在此體察健康的心理自主性，並且在我們有意願的時候，和他人分享想法和感覺。祕而不宣通常和權力有關，是隱匿或隱瞞某些事實。因此，有句話說「你的祕密越多，病就越重」。有次，前男友的妹妹對我吐露家中涉及亂倫的祕密，知情的家人都不敢說，而我男友不知道。我的回應是請她告訴他。要是她不說，我會告訴他。我們既然是一對情侶，對他隱瞞此事感覺上違反了要坦白誠實的承諾。如果我跟他母親、姊妹一起瞞著他，那麼家庭失能的責任我也有份。向他吐露此事證明了我對他的忠誠與尊重，相信他有能力面對現實。

雖說隱私使人們更加緊密相繫，保密卻會損傷人與人的關係。勒納指出我們通常要等到真相揭露那一刻，「才知道保密的情緒成本有多高」。一般來說，保密難免要說謊，而說謊是滋生背叛、辜負信任的溫床。

社會文化普遍認為說謊無傷大雅，正因如此，許多人一輩子不懂得愛。當一個人的存在和身分的核心被保密和謊言裹住，不可能滋養他的靈性成長。相信另一個人總是對你好、擁有實踐愛的核心基礎，這些都不可能存在於欺騙的情境中。正因這個道理太不言而喻，使出於謹慎考量而隱瞞事實的作為陷入重大的道德困境。和過去相比，我們目前的社會更需要重新許下說真話的承諾。在說謊無傷大雅、真話難以接受的時代，這種承諾並不容易。說謊已變成普遍接受的規範，就算碰到說真話比較容易的情況，人們還是要說謊。

幾乎每一位心理照護從業人員——從博覽群籍的精神分析學家到沒受過訓練的心靈自助療癒大師——都告訴我們，說真話會讓我們更加充實和合乎情理，但大多數人並不急著加入說真話的陣容。的確，像我這樣堅持每天只說實話的人，經常被視為「怪物」，即使我只是道出簡單事物的真相而已。如果朋友送我一份禮物，要我回答喜不喜歡，我會給她或他一個誠實明智的回答。意思是，我會用正面溫柔的態度說實話。但即使在這種情況下，要求對方要誠實的人在聽到真實答覆後，常常流露出惱怒。

在當今世界，我們都被教導要害怕真相、要相信真相總是傷人。我們被鼓勵將誠實的人視為天真，很可能會吃虧。社會上各種制式說法一再對我們灌輸「謊言比較重要」、「真相不重要」的觀念，形同疲勞轟炸，我們都有可能成為受害者。消費文化尤其鼓勵說謊，就文化媒介而言，廣告就是經過許可的說謊，要大家相信自己經常處於匱乏狀態，隨時有欲望，以強化市場經濟。缺乏愛有助於刺激消費主義，而謊言使得掠奪性廣告愈加強大。我們被動接受了公共領域的謊言，經由大眾媒體的傳播，更是支持和延續了個人私生活裡的謊話。在公共生活中，假如我們坦蕩地生活，沒有祕密，只說真話，小報就沒有東西可以揭發了。「努力去了解愛」可以保護我們，因為它幫助我們和真實的人生結合，願意在公領域與私生活中公開和充分地分享自己。

要了解愛，我們必須對自己和他人說實話。許多人創造出虛假的自己來遮掩內心的恐懼與不安全感，以致忘了自己是誰、在偽裝底下的自己有何感受。若想發掘自身對於誠實和清明的渴望，首先必須先克服否認的習慣。謊言和祕密對我們造成負擔與壓力。一個人太常說謊，便無從意識到說真話可以卸下這個重擔。若想了解到這一點，就必須先拋開謊言。

女性主義剛開始時，女人公開談論各種欲望：多了解男人一些、愛他們的本來面目。我們也渴望對方愛上真實的自己（例如對方接受我們的身體和心靈，而不是覺得自己必須變成幻想中的那個自己，成為男性渴望的目標）。而且我們力勸男人忠於自己，表達內心的情緒。然後，男人開始說出心中的想法和感覺，有些女人卻招架不住，她們覺得還是過去的謊話和虛偽比較好。七〇年代有一款很受歡迎的賀卡，上頭是一個女人坐在命理師面前，凝視著水晶球。卡片上印著一行字：「他從不說出內心的感受。」卡片裡面的回答是：「明年起，男人下午兩點會開始說出內心的感受，到了兩點五分，全國的女人會覺得傷心。」當我們得知另外一個人的想法、信念和感受時，就很難將我們對他們的觀感投射在他們身上，也比較不容易運用操控手段。有時候，女人覺得男人說出口的真話令人難以接受，和我們幻想中的男人相去甚遠，不是我們想要的樣子。

很多男人心中有個受傷的小男孩，當他最初說真話時，就被粗暴的父母要求噤聲，因為這個父權主導的世界不希望他講出真實的感受。很多女人心中那個受傷的小女孩，從很小的時候就被教導女生必須變成另外一個人，不要做自己，要否認心中真實的感覺，好吸引取悅別人。當男人和女人因為說真話而彷彿在互相懲罰時，就加強了「謊話比較好」的觀念。若想表現出愛，我們要願意聽彼此說真話；最重要的是，我們要肯定說真話的價值。謊話可能會讓人覺得好過，但無法幫助我們了解愛。

4 COMMITMENT: LET LOVE BE LOVE IN ME

承諾：用心中的愛來澆灌愛

每一段真心關懷的關係一定有承諾。若一個人真正關心另外一個人的靈性成長，他或她一定知道（出於意識或憑直覺），自己只能透過恆常穩定的關係來滋養這份成長。

—史考特·派克（M. Scott Peck）

承諾只說真話，是坦白和誠實的根基，而這是愛的原動力。若我們能夠看到真實的自己，接受自己，就建立起愛自己（self-love）的基石。我們都聽過一句格言：「如果你不愛自己，你就無法愛其他人。」聽起來不錯，但我們聽到這句話時，並不太明白它的意思。而內心升起這股困惑的人，多半是因為他們在人生的某個時期，在社會化過程中被自己無法控制的外力制約，認定自己是不可愛的。我們不是天生就知道要怎麼愛人，包括自己或他人。然而，我們天生就能夠回應關心。隨著年紀增長，我們能夠給予並接受關注、喜愛和喜悅。我們是否學會愛自己和他人，取決於愛的環境是否存在。

愛自己無法在孤立中茁然成長。愛自己不是簡單的事。把愛自己講得很容易的簡單格言，只會讓情況變得更糟，讓許多人想不通箇中緣由：如果真這麼簡單，為何他們一直困在自尊低落或討厭自己的情緒裡？「愛」一字的操作型定義告訴我們，我們為了自身或他人的靈性成長而採取的行動，提供給我們一個初期的藍圖，幫助我們解決愛自己的問題。一旦我們將愛視為信任、承諾、關心、尊重、了解與責任，就可以開始培養這些特質，若我們本身已具備這些特質，便可試著去擴展它們。

許多人發現以批判的眼光來審視過去（尤其是童年），詳細記錄他們內化某些負面訊息（覺得自己沒價值、不夠好、腦筋不正常、愚笨、怪異等）的軌跡，是很有用的。但沒有幾個人在了解自己是如何變得欠缺價值感之後，能夠改變情況，通常這只是過程中的一個階段。我就像其他人一樣，發現檢視幼年時期學到的負面思考和行為模式很有幫助，尤其是形塑自我感知與自我認同的模式。然而，這個過程不足以確保你恢復健康。我特意分享這一點，因為人非常容易停留在敘述個人故事的階段，說了一遍又一遍，卻可能讓你緊抓住過去的悲傷不放，或堅持某種歸咎他人的陳述。

儘管了解自尊脆弱的起因很重要，但仍有可能避開這個階段（了解我們是在何時何地接收到社會化的負面訊息），創造出愛自己的基礎。避開這個階段的人多半直接前往下一個階段，積極引進有建設性、肯定生命的思考模式和行為。一個人是否記得受虐的細節不重要。當遭到虐待的後果是覺得自己沒價值時，他們仍可透過找到肯定自我價值的方式，來啟動自我修復的過程。

受傷的心首先得克服自尊低落，才能學會愛自己。納森尼爾・布雷登（Nathaniel Branden）的著作《自尊：六項自尊基礎的實踐法》（*Six Pillars of Self-Esteem*）強調自尊的幾個重要面向：有意識的生活、自我接納、對自己負責、主張自己的意見、過有目的的生活、實踐人格的完整。有意識的生活意謂著我們對自身和這個世界進行批判性思考，敢問自己幾個基本的問題：誰、什麼、何時、何地、為什麼。通常在我們回答這些問題時，便可獲得頗具啟發的覺察。布雷登主張：「有意識的生活表示設法覺察每一件事物，它們對我們的行動、目的、價值、目標造成影響，以期發揮我們最大的能力（不論是何種能力），並且根據我們所看到、理解的一切立身處世。」要有意識的生活，我們必須用批判的眼光來思考目前身處的世界，深切認識世上的一切。

尚未接納自己的人通常透過反省，決定不再聽來自內在和外界的負面聲音，那是不斷嫌棄、貶低自己的聲音。對於努力想接納自己的人來說，肯定的話語很有用。雖然我過去多年來一直對心靈自助療癒的治療模式感興趣，我始終覺得肯定的話語有點老套。我妹妹有段時間擔任治療師，協助依賴酒精或毒品的病人，她鼓勵我不妨多給自己肯定，看看是否能具體改變我的人生觀。我寫下對日常生活的肯定，每天早上重複說這些話，當成每日冥想的一部分。在肯定話語的清單上，第一句宣告是：「我正在打破舊模式，邁向新人生。」我發現這些話不僅對提振活力有極大助益，也是透過強調正面積極，開始一天生活的好方式；我還發現，在壓力特別大或陷入負面思考深淵時，可在一天之內隨時重複這些肯定的話。肯定話語能幫助情緒恢復平衡。

對許多人而言，自我接納很難。內心一直有股聲音在評判，首先是我們自己的聲音，然後是別人的聲音。那股聲音肆無忌憚地發出負面的批評聲浪。因為我們已經學會相信負面更符合現實，它顯得比正面聲音更真實。一旦我們開始用正面思考取代負面思考，你會清楚看到負面思考不但與現實不符，還會使你完全失去能力。在我們正面積極的時候，我們不僅接納、肯定自己，還有能力接納、肯定他人。

我們越是接納自己，就越樂意承擔人生各個面向的責任。布雷登在談到自尊的第三塊基石時，將「對自己負責」定義為「願意為自己的行為負責、為達成目標負責……、為自己的人生負責，過得幸福快樂」。承擔責任並不表示我們否認制度化的不公。舉個例子，種族主義、性別歧視、「恐同」（對同性戀的恐懼與排斥）全都設下障礙，導致許多差別待遇的具體事件。光是負起責任並不表示我們能夠讓這種差別待遇不再發生，但我們可以決定採取哪種方式回應不公義的行為。負起責任意謂著我們在面對障礙時，仍有能力改造自己的人生，以帶來最大幸福的方式創造命運。每一天，我們在面對無法輕易改變的現實狀況時，可以練習改變一點點形狀。

許多女人決定要接受更高的教育時，發現丈夫不肯支持。大多數女人沒有離開丈夫，而是採用建設性的抵抗策略。曾有位女性告訴我她不敢去念書，因為她丈夫在工廠工作，她覺得教育程度比他高不太好。但她想重返職場，需要更高的學位才能找到工作。她選擇為自己的需求和欲望負起責任，相信這麼做也能提升整個家的幸福。回到職場提振了她的自尊，她不再像過去那樣因為覺得自己待在家中毫無長進，而感到憤怒沮喪，做出被動攻擊的行為。但是，做決定並且找出執行方式的過程頗為不易。由於她的獨立，丈夫和子女不得不多做一些家務，經常表示不滿。但長遠來看，每個人都獲益。毋庸置疑，這些改變在許多方面提升了她的自尊，「愛自己」使她能以建設性的方式向他人擴展自己。她比以前更快樂了，身旁的人也一樣。

為了做出改變，她必須善用自尊的另一個面向——主張自己的意見，而根據布雷登的定義，這是「願意為自己挺身而出，公開做自己，在所有人與人的際遇中尊重自己」。因為許多人小時候曾在原生家庭或學校環境中遭到羞辱，已經學會順應潮流，最常採取「不發表意見」的行動方針，避免釀成衝突。孩提時代，衝突的場面經常有奚落羞辱，讓我們抬不起頭來。我們不再將主張己見當成一種適當的防衛。很多人學到一件事：保持消極，就不會有那麼多攻擊。

男性至上的社會化過程灌輸女性一個概念：主張己見對女性特質構成威脅。接受這種錯誤的邏輯為自尊低落奠下基礎。對於主張己見的恐懼通常會出現在那些被訓練成好女孩或孝順女兒的女性身上。小時候在家裡，我哥哥從不曾因頂嘴而受罰。他表達意見正顯示出男子氣概。而當我姊妹和我表達意見，家中長輩就會說這是令人不快的負面行為。長輩（尤其是我爸）總說女性堅持立場就失去女人味。我們才不管這些警告。儘管在我們家是父權至上，但女性人數遠遠超過兩名男性，我爸和我哥，我們大可坦白說出想法或還嘴。幸運的是，女權運動在我們長大成人前便已出現，證實了人要培養自尊，就必須表達意見，主張自己的立場。

從古到今，女人比男人更愛說閒話，是因為只有在這種社交的場合，她才能夠暢所欲言，說出真正的感覺。女人往往不能在適當時機說出想法，只能挑她們覺得會讓對方高興的話來講。於是在社交場合，她們就說長道短，講出當下真正的想法。若我們培養出正向的自尊，這種虛假自我（創造出來以討好別人）和真實自我之間的區別，是不需要存在的。

——

由於女權運動，女人才得以理解個人的力量來自於積極主張自己的意見。葛羅莉亞・史坦能（Gloria Steinem）的暢銷書《內在的革命》（*Revolution from Within*）告誡女性，在沒有愛自己、擁有自尊的基礎下取得成功，是很危險的。她發現，將「討厭自己」的訊息內化的女性，經常用不當方式發洩情緒，因而難以有更好的成就。如果某位討厭自己的成功人士沒有做出不當行為來發洩，她可能私底下一直都過著絕望的生活，無法告訴他人其實成功不能逆轉殘缺的自尊。讓事態更複雜的是，女人可能覺得有必要假裝愛自己，對外展現自信和力量，她們因此有心理上的衝突，並與真實的自我脫節。她們因為永遠不能讓任何人知道自己的本性而羞愧，也因害怕真面目被揭穿，選擇不與人來往，獨自生活。

男人也是一樣。有權勢的男人站上個人事業的顛峰後，經常陷入自我毀滅的行為，破壞了長期以來努力獲得的成果。居於經濟底層的男人會這麼做，位居頂峰的男人也這麼做。柯林頓（Bill Clinton）總統的欺騙行徑（編按：此處指的是柯林頓曾爆出的性醜聞案），不僅違反了他個人對家庭的承諾，也違反了政治上的承諾，他原應向美國人民展現美國價值的典範。他在聲勢如日中天的時候做出不該做的事。他花了大半生時間克服困難，獲得巨大的成就，而這類行徑卻顯示出他自尊的重大瑕疵。儘管他是白人男性，念的是常春藤大學，經濟寬裕，享有特權以及各種好處，但他不負責任的行為揭開了他的真面目，讓全世界看到他不是一向假裝成的那種「好人」。這件在大眾前丟臉的事是他咎由自取，無疑反映出他小時候被某個有權力的大人羞辱的經驗，讓他覺得自己一文不值，而且不管他多有成就，都不會有價值。自尊低落的人可從他身上學到教訓。如果我們自尊的基礎因輕蔑與仇恨而搖搖欲墜，卻不去面對、改變這個情況，縱然我們成功了，沿途也是跌跌撞撞。

「過有目的的生活」構成自尊的要素之一，是有道理的。依照布雷登的說法，這麼做就必須負起下列責任：有意識地設定目標、確認必須採取哪些行動、確定自身的行為切合目標、隨時留意行為的後果，以及看清楚這些行為是否帶領我們前往內心想去的地方。大多數人在選擇職業時，會關心是否能過有目的的生活。遺憾的是，許多勞工覺得自己在工作上幾乎沒有選擇的自由。大多數人在成長過程中並未了解到，我們選擇的職業深深影響了愛自己的能力。

工作占去了我們大部分時間。做不喜歡的工作會打擊一個人的自尊與自信。然而，大多數人無法做喜愛的工作。但不論做什麼工作，我們都可以試著從中感受工作的滿足，好讓自己更有能力過有目的的生活。我們在全心投入工作時可獲得滿足。我以前很討厭某份教職（那種工作讓你希望自己生病，就有理由不去上班），而減輕痛苦的唯一方式是盡力做好工作。多虧這項策略，我才能夠過有目的的生活。即使不喜歡做某項工作，仍然把它做好，意味著我們完成工作時能有愉快的感受，自尊不受損傷。這份自尊幫助我們在求職過程中，找到更能實現抱負的工作。

我這一生不僅努力找到使我樂在其中的工作，也想方設法跟喜愛或尊敬的人共事。我第一次跟別人說很想在有愛的環境中工作，朋友的反應彷彿我真的發瘋了。對他們來說，愛和工作不會同時存在。但我深信自己在以愛的倫理為本的工作環境中，表現會更好。時至今日，佛家的「正命觀」（right livelihood）開始廣泛為人所知，越來越多人深信能夠提升靈性安適的工作，亦可增進我們愛的能力。當我們拿出愛來工作，就創造出有愛的工作環境。我不管何時走進辦公室，都能立刻察覺到整體氣氛，感受到員工對這份工作的情緒。瑪莎・希妮塔（Marsha Sinetar）在《做你喜愛的工作，錢就跟著來》（*Do What You Love, the Money Will Follow*）一書中提到這個概念，鼓勵我們大膽選擇內心喜歡的工作，從經驗中學到正命的意義。

儘管希妮塔在書中提出許多饒富意義的觀點，但是有些人做喜愛的事，卻不一定賺得到錢。雖說這種結果著實令人失望，仍可幫助我們從經驗中體認到做你喜歡的事可能比賺錢更重要。以我的經驗為例，有時候我必須做一份不太喜歡的工作，才有足夠收入來做喜愛的事。有段時間，我同時做兩份完全不同的工作。我在一家俱樂部當廚師，討厭那裡的噪音和油煙。但這份晚上的工作讓我能夠在白天盡情寫作，做真心想做的事。每一種經驗都提升了另一種經驗的價值。這份晚間的差事讓我能品嘗白天靜謐的況味，享受獨處時光，這是寫作的必要條件。

最好盡可能選擇喜愛的工作，不做討厭的工作。但有時候，我們得先做過才知道該避開什麼工作。一個人能夠在經濟上自給自足，做喜愛的事，是有福氣的。這種人的經驗猶如燈塔一般指引所有人：「正命」可增強對自己的愛，確保我們在工作以外的人生享有平靜與滿足。

勞工常以為，在工作上遭到非人的待遇或剝削並不要緊，只要家庭生活愉快就好。許多工作逐漸損害我們對自己的愛，因為勞工必須不斷證明自身的價值。在工作上感到不滿甚至受苦的人把這股負面的能量帶回家。顯然許多家庭暴力，不論是身體或言語暴力，都和工作上的痛苦有關。我們應當支持朋友和親人設法辭去妨礙身心健康的工作，鼓勵他們朝著愛自己的目標邁進。

未投身職場的人、做無酬家務的女人和男人、所有滿足於無業狀態的人，多半是在做自己想做的事。儘管他們沒有收入報酬，卻在每天的生活中獲得更多滿足；若他們在高壓、不夠人性化的環境做高薪的工作，絕對不會有這種滿足。滿足於打理家務的人（大多是女人，也有極少數選擇待在家中的男人）教會我們很多事，讓我們明白自主（self-determination）帶來的喜悅。他們做自己的老闆，自行設定勞動條件與報酬的基準，比一般人享有更多的自由來培養正命。

大多數人年輕時都並沒有了解到，我們愛自己的能力會受到我們所做的工作以及這項工作是否能提高我們的幸福感的影響。難怪勞工普遍心情差，因為工作讓人備受壓抑。工作無法增強自尊，而是被視為苦差事，是必要的壞東西。把愛帶進工作場合有助於促進必要的轉變，讓每一種工作崗位（不管多卑微）的人皆可在職場上充分發揮力量。當我們帶著愛工作時，便更新了靈性，這種更新是愛自己的行為，滋養我們的成長。重點不在於你的工作是什麼，而是你面對工作的態度。

蘇姍．萊頓（Susan Lydon）在《編織工藝的箴言》（*The Knitting Sutra*）一書

中說她憑自己的心意選擇了編織這門技藝，因而更了解正命的價值：「我在編織這個微小的家務世界裡發現了無窮的道理，越是鑽研越發現它既廣且深，超出任何人的想像。它不斷帶給你啟示和刺激，激盪出有創意的洞見。」萊頓把這個傳統上認為是「女人的活計」的世界，看作是創造出家居幸福的地方。在充滿幸福的家庭裡，愛可以茁壯生長。

對於正在學習愛自己的獨居人士而言，創造居家幸福尤其有幫助。當我們有意識地努力經營家庭，在家中隨時給予愛並且接受愛，每一樣放在那裡的物品，都使我們更加幸福快樂。我為幾處不同的家創造了不同的主題。位於都市的那間公寓有個主題：「愛的交會處」。我從小鎮搬到大都市時，發現自己需要一個如同避難所的環境。因為和我以前住慣的幾個地方相比，這間一房一廳的公寓小得多，我遂決定只留下幾個真心喜愛、沒有就不行的東西。你會驚異地發現可以捨棄的東西何其多。我在鄉下的住處有個沙漠的主題，我稱它為「美麗的孤寂」。我去那裡是為了安靜默處，以體驗神聖，重獲新生。

在寫本書時，本章是最難寫的一章。我和朋友、熟人談到愛自己的概念時，訝異地發現很多人對這個概念感到苦惱，彷彿光是說愛自己就等於暗示自戀或自私。我們必須擺脫關於愛自己的錯誤觀念，不再因為恐懼，將它和自我中心或自私劃上等號。

愛自己是實踐愛的基礎。沒了它，一切愛的努力終歸失敗。我們在給自己愛的時候，內在生命就獲得機會去擁有無條件的愛，那是我們一直渴望從別人身上獲得的愛。每當我們和其他人互動，我們付出和獲得的愛都是有條件的。雖說並非不可能，但是要一個人將無條件的愛推及他人真的很難，極其罕見。主因在於我們無從控制他人的行為，也無法預測或完全控制我們對於他人行為的反應。不過，我們可以控制自己的行為，亦可給自己無條件的愛，它是恆久接納與肯定的基礎。我們把這份珍貴禮物送給自己時，就能從滿足而非匱乏的心境出發，主動和他人溝通。

學習愛自己的最佳指引之一是：給自己「你渴望從他人那裡獲得的愛」。有段時期，我覺得自己年過四十的身軀很難看，我眼中的自己太胖，這裡不好、那裡不好。然而，我夢想著有個愛我本來面目的情人，把愛這份禮物送給我。好傻，不是嗎？我沒有給自己接納和肯定，卻夢想著別人給我接納和肯定。在這裡時刻，「如果你無法愛自己，就不可能愛別人」這句格言很有道理，而我還要加一句：「如果連你都不肯愛自己，休想從別人那裡得到愛」。

在理想的世界裡，每個人從小就學會愛自己。我們會成長，確信自己是值得的，具有價值，去任何地方都散播愛，讓自身的光芒閃耀。假如我們沒能在年輕時學會愛自己，還是有希望。就算火焰熄滅變冷，我們心中一直都有愛的光亮，它就在那裡，等著點燃火花，等著真心醒來，喚我們回到最初的記憶，那時某個黑暗地方的生命力正等著誕生，等著看見那道光。

5 SPIRITUALITY: DIVINE LOVE

靈性：超凡的愛

然而，身為女性和情人，我一見到心愛的人就覺得感動。有他在的地方，我想在那裡；他為某事受苦，我想要分擔；我想成為跟他一樣的人。為了愛，我被釘在十字架上。

—聖女大德蘭（Saint Teresa of Avila）

我們若過著接觸聖靈的生活，便會在一切眾生身上看見愛的光，這道光是一股復甦的生命力。對愛無感的文化只有透過靈性覺醒方可起死回生。表面上看，美國長期走在世俗個人主義的道路上，膜拜金錢和權力（猶如雙胞的兩位神明），似乎容不下靈性生活。然而絕大多數美國人表示自己有宗教信仰，可能是基督教、猶太教、伊斯蘭教、佛教或其他傳統教派，他們顯然相信靈性生活很重要。美國生活的危機似乎不是因為對靈性欠缺興趣所致。不過，這份興趣不斷被物質主義和享樂至上的消費主義等強大力量拉過去。

精神分析心理學家佛洛姆在一九五〇年代中期寫出深具卓識的《愛的藝術》（*The Art of Loving*），至今仍引起廣大共鳴，他在結語中勇敢地提醒讀者注意一個事實：「資本社會的首要原則和愛的原則是不相容的」，他如此斷言：「我們的社會是由管理官僚與專業政客所治理，人們的動機來自於大量的暗示，而這些暗示的目的是生產更多、消費更多，那就是它們本身的目的。」文化對於無止盡消費的重視，轉移了人們對於靈性的渴望。各種訊息不斷對我們進行轟炸，表示累積更多物質就可滿足我們的每一種需求。藝術家芭芭拉・克魯格（Barbara Kruger）創造了一件作品，宣稱「我購物故我在」，顯示出消費主義已經占據了大眾意識，使人們以自己所擁有的物品來定義自己。儘管擁有物品的熱情益發熾熱，精神上的空虛感也增加了。因為我們的精神感到空虛，才會透過消費來填補。我們可能沒有足夠的愛，但可以隨時購物。

美國人在靈性上的飢渴源自於敏銳察知生活中缺乏情感。這是對於無愛的反應。上教堂或去寺廟沒能滿足這份從靈魂深處浮上表面的飢渴。有組織的宗教始終無法滿足靈性飢渴，因為它迎合世俗的需求，擁護生產至上的商品文化，用這套價值觀來詮釋靈性生活，不論是傳統的基督教教會或新時代（New Age）靈性運動都一樣。難怪有這麼多知名的新時代靈性導師將自身的教誨與日常生活的本質加以連結，頌揚財富、特權與權力的好處。舉例來說，新時代的思考模式暗示窮是一種選擇，窮人選擇了他們要受苦。這種思維為享有特殊待遇的人卸下了「當責」（accountability）的重擔。它並未號召大家擁抱愛和更大的群體，反而對大家鼓吹疏離、隔閡的思維。

藉由忽略生命中基本的相互依存，好讓分離與私利神格化。基本教義派通常以真正靈性實踐的面貌呈現在世人面前，在大眾媒體上有一定程度的曝光，而反主流文化的宗教思想和實踐絕不可能得到這種機會。無論是基督教、伊斯蘭教或其他宗教的基本教義派，通常會對教義進行詮釋與塑造，使保守的現狀合理化。具有基本教義派思維的人利用宗教來替他們支持的思想或行為（如帝國主義、軍國主義、性別歧視、種族主義、恐同）開脫，他們否認世上每一種主要的宗教傳統皆傳遞愛的訊息。

這就難怪有那麼多人嘴上說自己相信宗教教義，平日的作為卻未反映出這些信念。舉個例子，基督教教會一直都是美國種族隔離最嚴重的機構。馬丁．路德．金恩（Martin Luther King, Jr.）寫過一封致美國基督徒的信，他化身為《聖經》使徒保羅，訓斥那些支持種族隔離的人：「美國人，我奉勸你們徹底擺脫種族隔離。種族隔離不啻是公然否認我們在基督中擁有的團結一致，以『我—它』的關係取代

『我─你』的關係，把人降格為物。種族隔離在靈魂刻下傷疤，貶低人性……，也摧毀了群體，四海皆為兄弟的夢想永遠無從實現。」這只是其中一個例子，說明有組織的宗教崇拜活動有違「教導我們立身處世、對待他人」的宗教原則。設想一下，若所有自稱是基督徒或自稱有宗教信仰的人，都表現得慈愛，做大家的楷模，我們的生活會有多大不同。

假如我們不是同時見證了非主流文化對於靈性覺醒表達出真正關切之意，公然濫用靈性和宗教信仰可能導致我們走向對靈性生活的絕望。不論是美國佛教徒團結起來為西藏爭取自由，或者是許多基督教相關組織為全球各地匱乏的人提供食物和棲身之所，這些愛的實踐使我們重燃希望，也找回了靈魂。世界各地的解放神學（譯註：一種天主教教義，旨在改善人民的經濟狀況與生活）為受到剝削壓迫的人們帶來精神自由的新視野，而精神自由與終結宰制的不懈努力有關。

佛洛姆的《愛的藝術》首次出版後過了十餘年，金恩的布道集《通往愛的力量》（*Strength to Love*）問世。這些演講的要旨是為了讚頌愛是一股連結所有生命的精神力量。正如佛洛姆的著作，這些短文倡導靈性生活，批判資本主義、物質主義，以及用來遂行剝削與滅絕人性的暴力。金恩在一九六七年一場反對戰爭的演說中表明：「當我談到愛，我不是在說某種感傷軟弱的反應。我說的是一股力量，所有偉大宗教都將其視為生命的最高原則。只有愛這把鑰匙能夠打開通往終極實相（ultimate reality）的門。《約翰一書》（*The First Epistle of John*）以美妙的文字歸結了此一印度教、伊斯蘭教、基督教、猶太教、佛教共同相信的終極實相：『讓我們彼此相愛，因為愛是出於神的。凡是有愛的人，都由神所生，並且認識神。』」金恩終其一生都是愛的先知。一九七〇年後期，談論靈性已經落伍，我發現自己一再翻讀他和多瑪斯・牟敦（Thomas Merton）的著作，這兩人都在思索、追尋宗教的真義，全心透過愛的實踐，以達成靈性上的滿足。

牟敦在〈愛與需求〉（Love and Need）一文中表示愛的力量足以轉變一切，他寫道：「愛其實是生命的增強，是完整、圓滿、生命的全部……。生命的曲線逐漸增強往上，在達到價值和意義的高峰時，所有潛藏的創造性可能都化為行動，而人在與其他人相遇、回應、交流時，便超越了自己。我們來到世間便是為了與他人交流和自我超越。唯有當我們在愛之中把自己交給他人，才算完全成為一個人。」佛洛姆、金恩和牟敦關於愛的見解，和今日的著作大相逕庭。他們的作品總是強調愛是一股積極的力量，應該帶領我們和世界進行更大的交流。他們在書中表示，愛的實踐不僅是為了給個人更多生命的滿足，更頌揚愛是終結宰制與壓迫的首要途徑。這種將愛提升到政治層次的說法，很少在現今的文章或書中看到。

我喜愛讀新時代對於愛的評述，但他們靈性上的修辭太關注個人的自我改善，鮮少提及在群體當中進行愛的實踐，因而助長自戀，經常使我驚訝不已。靈性被包裝成商品，變得跟健身計畫沒兩樣。儘管這種包裝讓消費者覺得生活變得更好，卻無法幫助我們和自身及他人建立長久交流的關係。帕克・巴默爾（Parker Palmer）在《積極的人生：工作、創造力與關愛的智慧》（*The Active Life: Wisdom for Work, Creativity, and Caring*）一書中談及積極參與的人生之價值：「要活得豐沛就要行動……，我對行動的理解是：我們能夠和其他生物及靈性共同創造現實。行動如同聖餐，是無形靈性的有形形式，是一股顯現於外的內在力量。但在我們行動時，我們不僅表達了自己的內心，協助塑造這個世界，同時也接受了外界的反饋，重塑內在的自我。」想要培養靈性生活不光是讀一本好書或者去僻靜處隱居，而是必須有意識地練習，願意將內心的想法付諸行動，言行合一。

靈性生活首要也是最主要的一點是致力於培養「共生」（inter-being）（譯註：又譯為相即，是禪宗的概念。有雲才有雨，雨水灌溉樹木，此三物便是相即共生的概念）和「相互關聯」（interconnectedness）的思想，並將其當作行為準則。我在談靈性時會提到每個人都承認生命中有一處謎團，那裡有超乎人類欲望和意志的力量足以改變環境，和指引我們前進。我稱這些力量為「神性」（divine spirit）。當我們選擇過充滿靈性的生活時，我們會承認並歌頌超越精神的存在。有些人把這種存在叫作靈魂、神、心中所愛、更高的意識或更高的權力。但也有人說這股力量是只能接受的存在，因為它無法命名。對這些人來說，它就是在我們內在流動周轉的精神而已。

對靈性生活的承諾意謂著我們接受「愛是全部，是一切，是我們真正的命運」這項永恆的原則。儘管我們面臨著巨大的壓力去適應無愛的文化，但我們仍設法認識愛。這份努力本身就是神性的展現。當代文化充斥著致命的虛無主義，超越種族、階級、性別、國籍的界限，在某個時候全面影響我們的生活。我認識的每一個人在面對世界現況時，偶爾會覺得沮喪絕望。無論是世界各地層出不窮的暴力，包括人類一手挑起的戰爭、挨餓和饑饉、日常發生的暴力、同僚和親友因罹患致命疾病而驟逝，有太多事把人逼到絕望的邊緣。了解愛或者希望了解愛是繫住我們的錨，使我們不致掉進絕望的海底。傑克．康菲爾德（Jack Kornfield）在《踏上心靈幽徑》（*A Path With Heart*）一書中說道：「對愛的渴望和愛的行動是我們一切活動的基礎。」

靈性和靈性生活給了我們去愛的力量。不曾接觸過傳統宗教思想或活動的人，極少選擇過靈性生活，亦即重視日常生活的神聖面向。靈性導師是很重要的引導，激發我們靈性上的覺醒。另一項促進靈性成長的源頭是和志趣相投的人交流，建立情誼。追尋靈性的人發出光芒，讓其他人看見，不只為了以身作則，也為了時時提醒自己：靈性唯有透過自身的行為（亦即生命的習氣）方可充分彰顯。康菲爾德提出了很有見地的解釋：「如果我們無法愛，任何靈性教誨皆屬枉然。若我們無法在最基本尋常的事情上感到快樂，若我們無法發自內心碰觸彼此，也觸及我們被賦予的生命，那麼就算是最崇高的境界和最超凡的靈性成就也算不上什麼。重要的是我們如何生活。」

許多人進了教會以後，才頭一回聽到有關愛的另一種敘述，跟在功能失調的家裡學到的愛不一樣。我小時候在教會裡見識到基督教信仰的神祕面向（相信我們都是一體、愛是一切），發現了救贖的空間。我不只在教會裡了解到上帝是愛，還得知在神性的心靈與思想當中，孩童是很特別的。那時我夢想成為作家，重視心靈生活勝過一切，在背誦《哥林多前書》談論愛的那一章時非常愉快。我從小就經常思索這個說法：「如果我能說人間和天使的各種殊言，卻沒有愛，我就成了嘈雜的鑼、鳴響的鈸；如果我有做先知傳道的恩賜，也明白一切奧祕、一切知識，並有全備的信，以致能移山，卻沒有愛，我就一無所是；即使我把自己所擁有的一切分給窮人，又捨棄自己的身體被人焚燒，卻沒有愛，對我也毫無益處。」（譯註：經文根據《聖經》中文標準譯本）。我在攻讀研究所那幾年，在努力完成博士學位時，也努力在不怎麼重視靈性的世界裡維持靈性生活，重讀這些將愛放在第一位的章節，其間傳達的智慧使我的心保持柔軟。我之所以能夠讀完學位，主要在於對愛保持開放的心。當你生活的環境不重視愛時，靈性生活就提供了慰藉，讓你在此獲得新生。

有一點很重要：獲得靈性知識不等於全心追求靈性生活。康菲爾德堅定表示：「在過靈性生活時，要做到的事很簡單：我們必須確定自身的道路和心是相連的。在踏上真實的靈性之旅時，我們最好不要遠離家，專注在此時此地，只注視眼前的一切，確保我們的道路與內心最深的愛相連。」一旦我們開始體驗日常生活的神聖，就為平凡事務加上一股專注和投入，足以提振精神。我們在每個地方都可以看到神性，在面對困境時尤其如此。很多人只有在遇到困難時才向靈性思想求助，希望內心的悲傷痛楚立刻消失。他們通常會發現承受痛苦的地方，亦即精神上破裂的地方，一旦獲得全心接納後，就成為一處有平靜與可能的地方。我們的苦痛不會奇蹟般結束，但我們能夠運用智慧，像煉金術士一般將苦痛回收，而苦痛正如大量廢料供我們利用，有可能達成新的成長。正因如此，《聖經》才告誡我們要「在碰到不同考驗時，將一切皆視為喜悅」。學著欣然接納苦痛，是靈性生活和實踐給我們的其中一份禮物。

靈性實踐不一定要和有組織的宗教有關才產生意義。有些人和自然界交流，採取行動維護永續的生態系，從而找到神聖的連結。我們可以冥想、禱告，去廟宇、教堂或清真寺，或打造一個安靜的小室，在此與聖靈交流。對某些人來說，每天為他人提供服務是一種靈性實踐，藉以表達對他人的愛。當我們持續努力和神性力量保持聯繫，而這股力量使我們更了解內在和外在世界，就是在選擇過有靈性的生活。

我鑽研靈性教誨，把它當成反思和行動的指引。反主流文化的靈性覺醒可在書籍雜誌中見到，也有某些小圈子的人讚頌神聖、與神聖交流。與其他追尋真理者的交流，提供了重要的啟發。我靈性實踐最初的根源是基督教傳統，至今我仍覺得教會是敬神和培養基督徒情誼的地方，而我也修持佛法，包括打坐和祈禱。每個人都得選擇最能提升自己生活的靈性實踐。由於這個緣故，追尋真理的前輩要大家都學會寬容，要記住儘管有非常多條道路，但我們是一個充滿愛的群體。

反主流的靈性覺醒正在崛起，只要我們願意突破主流的文化禁忌——它澆熄我們對靈性實踐的熱情——這股覺醒將逐漸成為日常規範。很長一段時間，許多朋友和同僚都不知道我致力於靈性實踐。領先同輩的思想家和學者聽到某人表示對無神論的共鳴，會覺得時髦、厲害、可以接受，但是聽到某人說虔心相信「神性」就不一定了。我也不希望同儕覺得我談論靈性信仰，是要他們皈依新的宗教，試圖強迫他們接受這些信仰。

當我親眼看到某些學生流露出絕望無助、害怕人生沒有意義、深刻的寂寞與冷漠，我才開始公開談論靈性在我人生中的地位。每當年輕、聰明又美麗的學生來辦公室找我，坦白說出內心的沮喪，我覺得光聽他們說，對他們的痛苦表示同情，卻不敢開口說出自己一直以來如何應付類似的問題，是不負責任的做法。學生多半最想知道該如何保持活著的喜悅。如果要說出實情，我就必須鬆口談論靈性生活。而且我必須想出適當的方式來談論我的選擇，不致讓對方誤以為這些選擇同樣適用於其他人。

「上帝是愛，愛是一切，是我們真正的命運」，這股信念支持著我。我每天透過冥想、禱告、沉思、為眾生服務、敬神儀式、溫柔和善，來肯定這些信念。雪倫・薩爾茲堡（Sharon Salzberg）在《愛的善良》（*Lovingkindness*）的導言中指引我們，佛陀說靈性實踐是「心的解脫，而這就是愛」。她要大家務必記得靈性實踐幫助我們克服孤立的感受，因而「揭開每個人內在那一股煥發的喜悅，對世間展現這份光輝」。每個人都該經常觀照自身精神的需求，這份連結召喚出靈性中對愛的覺醒。《約翰福音》中的一段話提醒我們：「沒有愛的人仍住在死中。」

所有對愛的覺醒皆是靈性覺醒。

6 VALUES: LIVING BY A LOVE ETHIC

價值：依循愛的倫理

我們必須為那一天而活，為人類社會與上帝的愛重新結盟的那一天而努力。在真正的民主典範中，沒有人為了爭奪權力而熱愛權力。

—瑪麗安娜・威廉森（Marianne Williamson）

只有當我們放棄對權力和宰制的癡迷，才會產生愛的覺醒。在文化層面上，美國生活的每一個面向，舉凡政治、宗教、職場、家庭、親密關係都應該可以用愛的倫理（love ethic）來奠定基礎。文化蘊含的價值觀及其道德倫理，指引並形塑了我們的言談舉動。愛的倫理假定每一個人都有權利過自由的生活，活得豐沛而美好。為了將愛的倫理納入生活的每一個面向，整個社會必須要接受改變。佛洛姆在《愛的藝術》一書的結尾主張：「如果要讓愛成為社會現象，而非極為個人的少見現象，必須要有重要和激進的改變。」選擇去愛的那些人能夠用其方式來彰顯「愛的倫理」的重要性，以此改變我們的生活。為此，我們跟仰慕與尊敬的人攜手合作，透過承諾為關係付出一切，以全球的宏觀視野看清自己的人生和命運，與地球上的每一個人緊密相連。

依循愛的倫理為我們提供一套不同的價值觀，我們的生活也將就此改變。我們在人生大小事情上所做的選擇，都是基於「誠實、坦白、個人操守應該反映在公私層面的決策上」的信念。我決定搬到小城市，好跟家人住在同一個地區，儘管這個地區在文化上不如原先的地方那麼令人嚮往。有些朋友有財力搬去別的地方，但仍然住在家中照顧年邁的雙親。我們在遵循愛的倫理時，學會珍視忠誠，相信維繫長久的關係比累積財富更重要。儘管職涯和賺錢仍是重要的人生事項，我們依然將珍惜人生、滋養身心放在更優先的位置。

我認識的人裡面，只要是遵循愛的倫理的人，都過得更加愉快和滿足。一般以為嚴守道德倫理的行為會讓人生變得乏味，這是錯誤的見解。事實上，過道德的生活使得人際關係更穩固（即使只是偶遇的陌生人），滋養我們的靈性成長。不道德的行為，不考慮行為會產生何種後果，恣意妄為，有點像吃下一大堆垃圾食物。滋味可能不錯，但終究不可能讓身體得到充分滋養，因此老是覺得匱乏，想要吃更多。當我們做出不合道德的行為，言行舉止減損了自身的靈性、貶抑他人的人格時，我們的靈魂會感到匱乏。

新時代著作在在肯定一件事：擁抱「愛的倫理」使人生變得更好。然而，很多相關資訊只傳遞給具備階級優勢的人。而且，某些人過著豐富的精神與物質生活，有各行各業的朋友使他們的人格更趨完整，卻告訴世上其他人不可能得到這些事物。我這裡指的是許多悲觀的預言家，對我們說種族主義永遠不會結束、性別歧視會一直存在、有錢人不可能與他人分享資源。要是我們可以走進他們的生活，哪怕只有一天，一定會感到驚訝，因為他們口中那些「我們不可能得到的東西」，都是他們已經擁有的事物。但是他們對幸福的概念是以資本主義為基礎，真心相信資源不夠分配，美好人生只有少數人可以擁有。

我去大學演講，對聽眾說我深信白人的言論很有力量，若他們表示反對種族主義，一定能夠改變偏見。我尤其強調一點：我絕對相信大家都能夠改變想法，採取不同的行動。我特別指出，這種信念並非根植於烏托邦式的渴盼，而是因為我看到歷史上有許多人為了爭取正義與自由，不惜犧牲性命。台下有些人提出反對，言之鑿鑿地說這些人只是少數，這一點我同意。但我接著談到有必要改變我們的思考方式，如此一來我們便將自己視為做出改變的人，而不是拒絕改變的一分子。這些人之所以成為少數，並非因為他們比鄰人更聰明、仁慈，而是因為他們願意切實遵循自己的價值觀。

再舉一個例子。如果你挨家挨戶去跟美國人談論家庭暴力，幾乎每一個人都會信誓旦旦表示自己反對男人對女人動粗，認為暴力在道德和倫理上都是錯的。但假如你接下去解釋，唯有挑戰父權體制，也就是不再接受「由於生理差異，男性應比女性具有更多權利和特權」或「男性應該有支配女性的權力」這類論調，才能終止男人對女人行使暴力，他們就不再表示同意。這些人嘴巴上說相信這種價值觀，卻不肯說到做到，將理論化為實際行動，在生活中實現這套價值觀，從而創造更公平的社會。

悲哀的是，美國有許多人以身為全球最民主國家的居民為榮，卻不敢為那些遭受法西斯政府壓迫的人民伸張正義。他們空有信念，卻不敢採取行動，因為這麼做表示挑戰保守的現狀。拒絕捍衛自己的信念不僅削弱個人的道德操守，也損傷了整體文化的道德風氣。這就難怪大多數美國人——不分種族、階級或性別——都說自己有宗教信仰，而且相信愛的神性力量，但整個社會依然無法接納愛的倫理，並用它來引導行為，尤其害怕這麼做可能帶來激進的改變。

害怕激進的改變，使得許多美國人背叛自己的思想和心。然而，我們每天都在經歷激烈的變化，抱著恐懼面對變化，繼續向前走。這類變化通常是因現狀所需而產生。比方說，劃時代的新科技已經讓大家都接受電腦。我們樂於接納這種「未知」就表示我們都能夠勇敢面對激烈的變化，我們應付得來。顯然，鼓勵我們面對愛的集體恐懼，對於保守的現狀頗為不利。整個社會的人欣然接納愛的倫理，意謂著我們要推翻大部分保守人士默許或支持的公共政策。

如果我們敢說自己具有愛的倫理，並從中得到啟發，獲得勇氣來做出必要的改變，就必須面對整個社會對於愛的集體恐懼。把必要的改變寫出來，佛洛姆解釋道：「社會在成形的過程中，人的社交與愛的天性不可以跟他在社會上的存在脫節，而應該融為一體。我一直以來努力想證明，對於人類生存的問題而言，愛是唯一合理而且令人滿意的答案。若真是如此，那麼只要是排除愛的發展的社會，長此以往一定會消亡，因為它和人類天性的基本需求相抵觸。的確，談論愛並非『說教』，道理很簡單：談論愛就是在談每一個人最終的實際需求……，相信愛有可能是一種社會現象，而非只存在於少數人身上。這是一種理性的信念，建立在對人性的洞察上。」信念促使我們往前走，把恐懼拋在後頭。藉由培養勇氣、蓄積力量來捍衛內心的信念、在言行上負起責任，整個社會便可重拾「愛是轉變的力量」的信心。

我非常喜歡《約翰一書》的一段話：「在愛中沒有懼怕，愛既完全，就把懼怕除去，因為懼怕含有刑罰，懼怕的人在愛裡未得完全。」我小時候讀到這段話就十分著迷，尤其喜愛它重複提到「完全」（perfect）。有一段時間，我認為這個字是指毫無過錯或瑕疵。但因為大人告訴我們，人永遠不可能理解什麼是完全，人在本質上必定不完全，身體的奧祕與我們本身的侷限，束縛了我們，因此我很苦惱該如何了解完全的愛。聽起來是很有價值的願望，但不可能實現。但後來我嘗試進一步理解這個字的複雜意涵，發現它有一項定義是強調「使其完善的決心」（the will "to refine"）。

突然間，這段話顯得異常明晰。愛是一段過程，從某個狀態變成另一種狀態，愛猶如煉金般起了變化，變得完全，成為足以驅除懼怕的「完全的愛」。我們一旦去愛，懼怕必然消失。不同於「人必須努力達成完善」的概念，我們不必苦苦追求這個結果，而是水到渠成。這是「完全的愛」賜予的禮物。我們若想接受這份禮物，必須先了解「在愛中沒有懼怕」。但我們的確懼怕，而懼怕使我們無法相信愛。

宰制的文化必須讓人民滋生恐懼，這樣他們才會乖乖聽話。我們的社會非常重視愛，卻極少談論恐懼。但我們大多時候都怕得要命。我們的文化對於安全念茲在茲，但我們從來不曾質疑為何活得那麼焦慮和膽戰心驚。恐懼是維持統治結構的主要力量，這讓人們更加渴望分離，只盼沒人認識我們。當我們被灌輸「求同」才是安全的觀念，任何形式的「不同」看起來就像是威脅。當我們選擇去愛，就等於對抗恐懼——對抗疏離與分離。選擇去愛就是決定和他人連結，在他者當中找到我們自己。

既然我們當中很多人被恐懼禁錮，我們只能藉由轉變，逐步朝愛的倫理邁進。哲學家科尼爾・衛斯特（Cornel West）表示，「轉化的手法」（a politics of conversion）使我們重燃希望。他要我們留意社會上瀰漫的虛無主義：「虛無主義無法經由辯論或分析來攻破，只能藉由愛與關懷來馴化。靈性上的疾病必須經由靈性的轉向來克服。若想轉向，必須先肯定自身的價值，而旁人的關心加強了這份肯定。」越來越多人轉而投向愛的倫理，以避開令人難以招架的絕望感。我們文化中已有諸多跡象顯示此一轉化正在發生。社會大眾開始讀湯瑪斯・莫爾（Thomas Moore）的《傾聽靈魂的聲音》（*Care of the Soul*）這類書籍，令人感到寬慰，這本書敦促我們重新評估支撐我們生活的價值觀，使我們做出肯定人際相互連結的選擇。

採行愛的倫理表示我們將「關心、承諾、信任、責任、尊重與了解」等原則應用在日常生活的每一個面向。只要透過察覺（awareness），我們就能成功做到。

察覺使我們能夠以批判的眼光檢視所作所為，如此一來，我們便可給予關愛、負起責任、展現尊重，並且有意願去學習。我們最好要明白知識是愛的要素，因為我們每天都被無數的訊息疲勞轟炸，告訴我們愛是謎團、是無法理解的事物。我們看到電影裡的角色墜入愛河，卻從不跟對方溝通；都還沒談過自己的身體、性需求、喜好或厭惡的事物，就跟對方上床。的確，大眾媒體傳達的訊息是：知識減損了愛的動人力量，只有保持無知，愛才顯得刺激又活色生香。這群不明白愛的藝術、只想賺錢的製作人，只會用令人迷惑的觀點，將這種訊息呈現在觀眾面前，畢竟他們不曉得如何真實呈現充滿愛的互動。

倘若我們共同要求大眾媒體呈現愛的真實面，它就會發生。這項變革會大幅改變我們的文化。大眾媒體不斷播送「一方是支配者，另一方被支配」的內容，延續了暴力，因為這些製作影像的人，對於這種現實的了解勝過對愛的了解。我們都知道暴力是什麼樣子。文化研究領域針對大眾媒體的批判分析，正反面意見都顯示出暴力畫面（尤其是涉及動作和血腥）要比安靜祥和的畫面更容易吸引觀眾的目光。

因此，這一小批製作大量影像的人，至今仍不願學習如何拍出愛的影像，以吸引觀眾的注意力，激發我們在文化上的想像力。

如果他們依據愛的倫理來製作一部作品，便會明白以批判的眼光來檢視影像很重要，也就表示他們會思考影像所帶來的影響，這些影像是如何形塑社會文化，指引著人們的日常言行。若他們對於愛的領域感到陌生，可以聘請顧問，必要時向顧問諮詢。儘管有幾位學者試圖說服大眾，暴力影像和我們在生活中遇到的暴力並無直接關聯，但只要有點常識就不難明白：我們所觀看的影像以及觀看時的心境，莫不對我們造成影響。如果觀眾想輕鬆一下，觀賞有娛樂效果、卻充斥冷血暴力的畫面，自然而然會覺得日常生活中類似的行為是可以接受的，也就不再感到憂心或義憤填膺。倘若我們能看到更多充滿愛的互動，無疑會感受到它對人生的正面影響。

我們在談論大眾媒體呈現特定類型的影像時，得先承認絕大部分的影像在一定程度上是從父權文化的觀點進行攝製。除非父權的思想和觀點有所改變，否則很難改變這些影像。有些女人或男人覺得自己並非父權的犧牲品，因而不覺得父權是必須嚴肅看待的問題，有必要質疑或改變。但是，我們隨時都可以被再教育。大眾都受到父權體制的負面影響，尤其是男性宰制。由於影像內容是由致力推廣父權的人所製作，這批人製作的影像自然而然反映出他們的價值觀和想捍衛的體制。父權體制如同其他宰制的制度（如種族主義）仰賴社會化過程，好讓每個人相信在人際關係中，有人卑微、有人優越，有人強悍、有人弱小，因此有權勢者控制無權勢者是理所當然。支持父權思想的人會無所不用其極地鞏固權力，以遂行控制。經社會化洗禮而有同樣想法的人自然更愛看宰制與暴力的畫面，覺得溫馨畫面缺乏刺激。話說回來，製作影像的人需要有消費力的觀眾，好把自家產品賣給他們。這就給了我們力量，可以要求他們改變。

儘管當代的女權運動已採取許多干預手段，努力改變這類想法，這麼做也讓女人和男人有機會過更充實愉快的人生，但掌權者依舊奉行父權思想。這並不表示我們沒有權利要求改變。身為消費者，我們有權利，而且隨時可運用這份力量，拒絕將時間、精力或金錢投注在「未能反映更好的人生價值」或「破壞愛的倫理」的影像上，以減少這類影像的製作和散播。這麼說並非支持審查制度。世上大部分的罪惡並不是大眾媒體創造出來的。比方說，大眾媒體顯然並未製造家庭暴力，早在電視問世以前，家庭暴力便已隨處可見。但我們都知道所有形式的暴力經過大眾媒體美化後，顯得既有趣又吸引人。這類影像的製作人何嘗不能利用媒體來挑戰暴力的概念，化戾氣為祥和。當我們看到縱容暴力的影像時，無論它是否會加強人的暴力傾向，都是在肯定一個概念：暴力是可接受的社會控制手段，而某人或某一群體可以控制另一人或另一群體。

在愛的倫理盛行的社會環境中，宰制無從存在。請記住榮格提出的洞見：若掌握權力的意志凌駕於一切之上，就不會有愛。有愛在的地方，控制欲和權力欲就無法主導一切。在我們的社會上，所有追求自由和正義的社會運動莫不推廣愛的倫理。基於愛的價值對國家、城市或鄰里的集體利益的關注，促使每一個人設法培育和保護共同的益處。若能夠從愛的精神出發來制訂公共政策，我們就不必擔心失業、無家可歸、學校教不好學生或各種成癮症了。

倘若城鎮的公共政策皆以愛的倫理為準繩，人們就會團結起來，共同研擬攸關每一個人的計畫。梅樂蒂．查維斯（Melody Chavis）寫了一本好書《大街上的祭壇》（*Altars in the Street*），講述一群來自不同種族和階級的人們集結起來，合力改善生活環境。她從白人女性的角度出發，講述自己和家人搬進大多是黑人的社區。梅樂蒂全心奉行愛的倫理，和鄰居們攜手打造有愛與和平的環境，儘管並未獲得公共政策和市政府的支持，依舊成效斐然。與此同時，她努力幫助待決的死刑犯。梅樂蒂喜愛這個社區的多元組成，她表示：「有時候我在想，自己是藉由幫助死刑犯和這個社區，來對抗我生活周遭的暴力。我小時候面對暴力時，一點辦法也沒有。」這本書顯示出即使在問題叢生的社區裡，愛的倫理也能促成一些改變，而當恐怖行動和暴力變成可接受的行為，會對人類生活造成何種可怕的後果，書中也有記載。

當一小群人根據愛的倫理來整頓生活，每個人會發現日常生活中的各種面向都獲得了肯定。美國肯塔基州的詩人溫德爾．貝里（Wendell Berry），在散文作品中滔滔敘述鄉村社區樂於接受公社主義（communalism）與共享資源的倫理體系，所帶來的正面價值。他在《另一種熱情》（*Another Turn of the Crank*）一書中揭露大企業為了謀求利益，對鄉村地區造成了何種程度的傷害，提醒讀者這股摧毀的勢力正在滲入各種類型的社區，很快就要變成常態。這群人居住的社區以愛和公社精神為本，他鼓勵讀者向他們學習。他談到這些社區的公民對於一些價值深信不疑：「這些人對於『自保』（self-preservation）抱持著慷慨寬容、敦親睦鄰的態度。他們不相信人可以靠自相殘殺那一套活下來，甚至興旺成功。他們不相信自己可以藉由擊敗、毀壞、販售或耗光所有資源來出人頭地；人只能靠自己。他們不太相信暴力能夠產生有效的解決方案。他們想要保存自然與人類文化的珍品，將這些好東西傳給子女……。在他們眼裡，不論是聯邦或利益共同體都無法用貪婪來定義……，他們深知工作是必要的、是好的，應該讓工作的人感到滿足、有尊嚴，而且對接受服務的人來說，這些工作的成果的確有用，而且令人愉快。」

我之所以喜愛住在小鎮上，正是因為這些地方還可見到愛的倫理及其基本原則存在，大多數居民依循這樣的標準立身處世。我居住的小鎮（偶爾住在那裡）就有這種敦親睦鄰、彼此友愛、關懷與尊重的精神。在我長大的小鎮上，鄰里之間也可見到這樣的價值。雖然後來我大部分時間都待在紐約市，在我住的合作公寓（cooperative apartment）裡，住戶之間彼此認識，一起保護、灌溉群體的幸福，努力讓每一個人感受到這個共同居住的地方是正向的環境。我們都同意誠實、正直與關懷促進了每一個人的生活，我們試著遵循愛的倫理。

愛的倫理有幾項原則：展現關心、尊重、了解、正直、合作的意願，若想基於上述原則過生活，我們必須要拿出勇氣。練習面對恐懼是擁抱愛的一種方式。我們的恐懼可能不會消失，但它不再擋住我們的路。我們當中有些人已經選擇接納愛的倫理，允許它成為內心的主宰，告訴我們如何思考、行動。我們知道，當人允許自身發出光芒，就更靠近自己一些，也吸引其他發著光的人。我們並不孤單。

7 GREED: SIMPLY LOVE

貪婪：只要愛

貪念與恨意逐漸消退便是自由的基礎。自由是「確信的心獲得釋放」，對於真理有強烈的理解，而絕不會改變。

—雪倫．薩爾茲堡（Sharon Salzberg）

儘管現代人和鄰居住得很近，社會上許多人依然覺得和其他人疏離、缺乏交集，倍感孤獨。人之所以憂鬱和絕望，主要是因為孤立和寂寞。這都是文化的產物，因為我們的文化認為物質比人更重要。物質主義創造出一個自戀的世界，在這個世界裡，人生的重心不過是獲得和消費。而一個自戀的世界無法讓愛茁壯成長。美國憲法與權利法案清楚勾勒出民主的願景，卻沒有真正落實；以「我」為主的文化崛起，直接反映出民主的失敗。我們被遺留在「我」的文化裡，不斷地消費，完全不顧別人。當宰制倫理盛行時，貪婪和剝削就成為常態，繼而導致了疏離與無愛。我們在生活中缺乏靈性與情感，正是滋長物欲和過度消費的絕佳溫床。在缺乏愛的世界裡，連結的渴望無從滿足，代之而起的是想擁有的渴望。相對於情感需求很難獲得滿足，物質享受比較容易獲得。美國在戰後陷入了病態自戀的陷阱，雖說戰爭帶來大量的經濟報酬，卻同時損害了自由與正義的願景，而自由與正義是支撐民主的磐石。

現今這個世界，貧困的青少年願意為了一雙網球鞋或設計師品牌的大衣去砍人或殺人，但這不是貧困造成的後果。美國早期有過極端貧窮的情況，但為了一件奢侈品而殺人，對那時的人來說是難以想像的。雖說常有人為了拿到某些物資——錢、食物或像是禦寒的冬季外套這種簡單物資，下手偷竊或打人，但那時尚未出現將物欲（而且是非必需品）看得比人命更重要的價值體系。

一九五〇年代中期，大多數美國人，不管有錢沒錢，都覺得美國是世上最適合居住的地方，因為它是重視人權的民主國家。這份願景支撐著人們，也成為社會中為了爭取自由而奮鬥的催化劑。唐內拉・梅多斯（Donella Meadows）在〈小雞、女先知與真正的野狼〉（Chicken Little, Cassandra, and the Real Wolf）一文中表示，有願景的觀點很重要：「願景描摹了某人非常想要的未來，而且描摹得如此清晰動人，足以激勵大家拿出精力、同意權、同情心、政治上的意志、創造力、資源和任何需要的東西，來實現這個願景。」美國積極參與全球戰事，使其在國內外對民主的承諾受到質疑。

越戰之後，這個願景縮小了。越戰開始前，一系列的社會運動如民權抗爭、女權運動、性解放，召喚出有正義與愛的光明願景。但到了一九七〇年代末期，追求社會正義與全球和平民主的激進運動以失敗作結，資源共享、每個人都能過上有意義生活的可能性破滅後，人們便不再談論愛。國內和海外喪失的性命創造出富裕的經濟，同時也造成了破壞和失落。美國人被要求犧牲自由、愛與正義的願景，取而代之的是對物質主義與金錢的崇拜。這種社會願景捍衛帝國主義戰爭和不公不義。當帶頭爭取和平、正義與愛的運動領袖相繼被暗殺，國家被巨大的絕望籠罩。

我們在心理上感到絕望，即使經濟繁榮增加了許多工作機會，讓女性和原本被剝奪權利的一些男性找到工作。於是個人不再尋求公眾的正義，轉向私人生活，尋覓一處避世之所，聊以慰藉。人們開始向內尋找，想在家庭和人際關係之中再度找到連結和穩定感，卻只能面對一片冷漠的家，因而整個文化都感受到排山倒海而來的心痛。個人不光是覺得無力改變世界，也開始覺得自己無法為日常生活的情感層面做出正向的改變，因而深感絕望。離婚率是首要指標，婚姻不再是安全的港灣。而大眾逐漸意識到家庭暴力和各種形式的兒童虐待越來越常見，清楚顯示父權家庭已不再有庇護功能。

面對看似無法處理的情緒宇宙，有些人便擁抱基督新教的工作觀，一心相信成功的人生可以藉由賺多少錢以及能買到的物品來衡量。美好人生不再存在於社區和人際連結，而是要實現物質欲望，過享樂的生活。隨著這個社會從以人為導向的價值觀轉變成以物為導向，富人和名人，尤其是電影明星和歌手，逐漸被視為唯一的文化偶像，有遠見的政治領袖和社會運動人士已經過時。突然間，倫理道德不再是職場生活的重要面向，賺錢是唯一的目標，而且不管用什麼手段都行。整個社會欣然接受腐化，愛的倫理也就不太有機會重新出現和恢復希望。

一九七〇年代晚期，特權階級藉由淡化賄賂的嚴重性，大肆炫耀奢侈享受，展現出拜金的態度。美國總統史無前例地因不誠實遭到揭發（編按：此處是指水門案），暴露出白宮內道德淪喪的行為，人們開始接受貪瀆是時代的新秩序。政府官員將支持大企業和帝國主義，與國家安全和全球主導地位聯繫起來，巧言開脫缺乏操守的行為。與此同時，大型宗教組織的影響力下降，不再像過去那樣提供道德指引。教會和廟宇變成支持、美化物質文化的地方。

窮人和其他下層階級的人對於金錢的崇拜，導致街頭的販毒產業興起，應該算是少數人可從資本主義獲利的一種難得機會。通常透過賣毒品賺到的大筆鈔票，也就是快錢，讓窮人也能像富人一樣滿足物質上的渴望。儘管想要的東西可能不太一樣，獲得和持有物質的滿足感是一樣的。貪婪在這個時代大行其道，映照出目前盛行的資本主義文化，貧窮的社區內有一小部分人取得成功，而多數人飽受無止盡的欲望未能滿足之苦。試想一下：有個生活貧苦的母親總是教導子女明辨是非，要他們以身為誠實的人為榮，因為她想給子女一個有道德倫理的天地。但某一天，她得接受子女販賣毒品，因為賺來的錢可以支付家中必要（以及不必要的）開銷。強烈的渴望和匱乏使她的道德觀變得薄弱。但她不再覺得自己和目前身處的消費文化格格不入，她已經和這種文化合拍同步，接受了一直想要更多的消費文化。

她不去想「愛」這個話題，她的人生特色就是缺乏愛。她已經發現一旦硬起心腸，轉而注意較容易達成的目標——有住處和食物、達成收支平衡、想辦法買到小奢侈品滿足欲望，日子就比較好過。思考愛可能只會帶來痛苦。她跟許多其他女性一樣，已經受了夠多的苦。她甚至染上了癮，體驗到她在尋找愛時，從未有過的愉悅和滿足。

不論貧富，染上某種癮變成普遍現象，這和我們對於消費的病態渴望有關。這股渴望使我們失去愛的能力。消費主義要我們專注於欲望和需求，形成有著無止盡渴望的心理狀態，導致精神上痛楚難當，必須依賴麻痺的物質來尋求逃避或解脫，之後又帶來上癮的問題。美國有數百萬人有酒癮，或對合法或非法藥物上癮。在上癮是常態的貧窮社區裡，沒有支持戒癮的文化。染癮的窮人和沒錢繼續沉迷惡習的人，身心都在受苦。上癮的人只想從痛苦中解脫，不會產生愛的念頭。

史坦頓．皮爾（Stanton Peele）在《愛與上癮》（*Love and Addiction*）一書中提出頗具見地的觀點，「上癮與建立關係無關」，上癮使人無法愛。大多數成癮者只關心是否獲得某種「藥」來享用，不論是酒、古柯鹼、海洛因、性或購物。因此，上癮只是普遍無愛的後果，也是成因。對於成癮者而言，只有「藥」是神聖的。一旦成癮的人開始追逐永不饜足的滿足，親密與親近的關係就受到破壞。這類追求的主要特徵是貪婪，因為沒有停止的一天，欲望一直持續，永遠無法完全滿足。

當然，成癮的可怕後果在窮人和身無長物的人身上更加明顯，因為他們不像特權階級那樣有錢，可以成功掩飾上癮，也沒有管道加入戒癮計畫。當控告辛普森（O. J. Simpson）的案子變成全美國關注的新聞時，很少有人討論酗酒吸毒是如何讓原本就功能失調的家庭，家人之間的情感變得更疏離。儘管家暴得到關注，大家也都同意這並非可以接受的行為，但酗酒吸毒並未獲得關注，沒人認為它是破壞正向情感互動的主因。

舉例來說，沒人能夠（以不責備受害人的態度）用充滿同情的口吻討論其中一種可能：妮可．辛普森讓她自己和子女陷入危及生命的危險環境，部分原因是她不肯放棄表面光鮮無比、周旋在富人名流之間的生活方式。私底下，這些女人（嫁給有權有勢卻會虐待人的男人）在說話不必顧忌太多的場合，都不諱言她們對於權力和財富有癮。在物質充裕的情況下，男女雙方都不肯離開功能失調的無愛關係。

在整個美國，貪婪促使個人將自己置於危及生命的境地。我們的監獄人滿為患，犯罪動機都是貪婪，通常是對錢飢渴。雖說完全接受消費主義價值的人，自然而然會產生這種渴望，但是一個人為了追求財富而傷害別人，這種行為仍應視為反常。我們相信這些人跟我們不一樣，但研究顯示許多人願意說謊來獲得金錢上的好處。大多數人都無法抗拒不斷消費的誘惑，或願意不擇手段來致富。近年來，大眾支持博弈產業，包括彩券和賭場，已經讓大家更加意識到對金錢的欲望有可能會上癮。但是這麼多勞工和中產階級為求快速致富，把辛苦賺來的錢拿去賭博，卻從未成為全國新聞。許多辛勤工作的人因沉湎於惡習，騙家人的錢。儘管他們不會因此被捕或坐牢，這類行為破壞了家人間的信任與關懷。這些人跟不惜冒險發財的罪犯有更多共通點，而他們的家人很可能認為有愛的連結比累積財富更重要。

麥可．菲利浦斯（Michael Phillips）在《金錢的七項法則》（*The Seven Laws of Money*）一書中請大家注意一件事：在他遇到的犯人當中，大多是因為想「快點變有錢」而偷竊，他們都是聰明勤勞的人，原本可以透過工作累積財富，但每天工作賺錢沒那麼快致富。重要的是，渴望有錢和想立刻獲得滿足的欲望相加，是對物質主義上癮的跡象。需要立刻獲得滿足是貪婪的元素之一。

人們在尋求愛時，同樣的貪婪機制也起了作用。這些人往往想要立即的滿足。在真愛的情感空間裡，很少立刻就滿足需求。若想了解真愛，我們得挹注時間和承諾。正如約翰．威爾伍德在《心的旅程》（*Journey of the Heart*）一書中所言，「夢想著愛會拯救我們，解決所有的問題，或給我們持久的幸福或穩定，只會讓我們陷在一廂情願的幻想當中，削弱了愛真正的力量，那就是使我們改變。」許多人希望愛跟藥一樣有效，讓他們立刻感到興奮，而且持續很久。他們什麼也不想做，只想被動接受美妙的感覺。在父權至上的文化中，男人尤其傾向將愛視為唾手可得的事物，而且通常不想為愛付出。許多人一旦發現愛的實踐雖可能賜予我們幸福，但同時也帶來重大的覺醒和痛苦，就不去愛了。

我們社會經常提到功能失調的人際關係，很容易讓人以為這個國家的人致力於終結功能失調，一心一意只想創造讓愛茁壯的文化。但真相是：我們將功能失調正常化。我們越是關切功能失調的關係，就更加傳達出「家家有本難念的經」這種訊息，而「家庭不都是這樣」的概念就像雪球一樣越滾越大。這個社會不僅鼓勵享樂消費，還要我們相信家庭中過分的行為是正常的，相信人能夠有功能健全、充滿愛的家庭，才是不正常。

身處於貪婪機制常態化的社會，這是必然的結果。我們得到的訊息是：每個人都想要更多錢、買更多東西，所以為了獲得成功，稍微撒謊、作弊也無傷大雅。不同於愛，物質欲望立刻就能獲得滿足，只要我們手上有現金或信用卡，甚至沒有也沒關係，只要在文件上簽字，就可以先拿到想要的一切，之後再多付一點就好。與此同時，文化風氣鼓勵大眾將伴侶當成物品，想撿就撿、想用就用，想丟就丟，唯一的標準是個人的欲望有無得到滿足。

當貪心的消費主義當道，「不把人當人」（dehumanization）變得可以接受。接下來，把人當成物品的行為不僅可以接受，更是必要的行為。這是交換的文化，是市場價值的暴政。這些價值告訴我們該對愛採取何種態度。對愛的憤世嫉俗，讓年輕人相信世上沒有愛，感情充其量是為了滿足性慾。有多少次，我們聽到某人說：「嗯，要是那個人不能滿足你的需要，你應該甩了他。」感情被當成用一次就丟的紙杯，大可隨意丟棄。要是這段感情行不通，就扔掉它，再找一個。若社會上盛行這種邏輯，全心付出的關係（包括婚姻）不可能長久，友誼或愛的群體也難以獲得重視和維持。

大多數人發現自己切身的需求未獲滿足時，不曉得該如何繼續保護或加強這份彼此關心的紐帶。許多人盼望在目前的生活中找到愛，只盼目前選擇的人就是真命天子，但覺得自己缺乏有效的策略來維繫這些情感關係。於是，他們轉向大眾媒體尋求答案。貪念之所以日益深入人心，大眾媒體是最主要的媒介，至於該如何建立、維繫有意義的關係，大眾媒體幾乎隻字不提。如果電視觀眾或影迷的心中尚無累積錢財的意念，那麼這類影像不斷對觀眾強力放送「人的目標是和其他人一起消費，而非建立連結」的訊息，就會植入我們的內心。今日的觀眾必須在電影放映前先看廣告。我們原本希望在黑暗的戲院內，先放輕鬆，充分放空後再進入電影的美學空間，享受觀影的樂趣。如今這段時間被拿來放廣告，在違背我們意願的情況下，攻擊我們的感官與感受能力。

貪婪被視為「原罪」確實有道理，因為它斲喪了道德價值，使我們不再關心共同利益。貪婪違背了相互連結和社群的精神，那是確保人類生存的天性。由於貪念，我們不再承認每一個人有其個別需求，需要關心，取而代之的是有害的自我中心。健康的自戀（自我接納與自我價值感，兩者是愛自己的基石）被病態的自戀（唯有自己重要）取代，為滿足私欲的行為開脫。當你愛另一個人，總是願意代替他犧牲，就連這份情意也因貪婪而消失。這就難怪美國剝奪貧窮公民獲得社會服務的權利，寧可把一大筆錢拿去挹注殘暴的帝國主義文化。為牟取暴利而擁戴貪婪的那批人仍然不滿足；光是讓美國被貪婪的政治吞噬還不夠，必須讓貪婪變成全球自然的生活方式才行。

慷慨和慈善行為，不論是對鄰居和善、建立工作分擔的系統，或者支持國家資助的社會福利計畫，皆有助於防止貪婪擴散。當貪婪政治變成文化上的常態，所有的慈善行為都被視為別有居心，被認定是弱者的象徵，這是不對的。正因如此，美國人越來越少做善事，還大言不慚地捍衛對自己有利的政策（本質上是保護富人的利益），說窮人和需要幫助的人工作不夠努力。令我震驚的是，我老是聽到某些從小繼承財產的人嚴厲表示不該共享資源，因為社會上的弱勢族群應該要工作賺錢，才會珍惜金錢的價值。大眾媒體極少談到繼承的財產或大量物質資源，因為富二代不希望證實這些不勞而獲的錢帶來多大的好處。這些人接受並運用這筆財富，進而鞏固經濟實力，過著更加自給自足的生活，這暴露出一項事實：很少人能夠經由努力工作，累積足夠的資源，以此致富。貪婪文化最具諷刺的一點是：不必工作而獲得最大利益的人，反而口口聲聲強調窮人和工人唯有辛勤工作，才懂得珍惜物質資源。不消說，他們只是在建立一套信念體系，以保護自身的階級利益，使其不太需要向沒有特權的人負責任。

瑪麗安娜．威廉森（Marianne Williamson）在《療癒美國》（*The Healing of America*）一書中，探討大眾對於資源分享普遍有憤世嫉俗的看法，認為這威脅美國人的精神健康。威廉森主張：「美國有這麼多不公不義，而且集體串通好不要討論，到處有人在受苦，卻大多避而不談，免得大眾注意到這種情況。官方說法是這些問題只是次要，或者得花上許多錢來解決，彷彿錢是最重要的事。貪婪如今顯得合理，而兄弟之愛不是。」儘管威廉森是新時代的大師，她有勇氣主動討論不可接受的事物，並沒有減損她受歡迎的程度，大多數讀者只是選擇忽略這一本書。她在書中要求我們採取抵抗，勇於改變不公義的現況。她並未否認自己屬於享有特權的一群，還為此責備自己沒能分享財富。

大家都覺得很難不聽從貪念行事。放棄物欲可能會迫使我們進入某個空間，暴露出情感匱乏的一面。我在訪問很受歡迎的饒舌歌手莉兒・金（Lil' Kim）時，發現她對於愛沒有興趣，著實挺有意思。儘管她侃侃敘述著沒有愛的人生，但只有在談到賺錢時，她才顯得眉飛色舞。結束訪問時，我對這樣的現實感到敬畏：一名年輕的黑人女性來自破碎的家庭，連高中都沒念完，竟能奮力排除各種障礙，累積財富，然而她卻不覺得有希望克服讓她能學會給予並接受愛的障礙。

貪婪的文化使她的拜金顯得合理合法，而她對於情感成長完全不感興趣。她是否明白愛，有什麼關係？悲哀的是，她跟許多美國人一樣，相信追求金錢、累積財富便可彌補情感上的一切匱乏。就像許多人一樣，她並未注意到媒體傳達出有錢人在情感上受苦的訊息。假如金錢真能彌補失落和無愛，有錢人大概就是地球上最有福氣的人了。反之，我們最好回想一下披頭四頗具預言意味的歌詞：「錢不能為我買到愛」（Money can't buy me love）。

諷刺的是，變得更加貪婪、唯恐財富縮水的有錢人，跟物欲不滿的窮人一樣，感到越來越多的壓力與不滿。富人永遠嫌不夠，無法感到滿足。但每個人都想仿效富人。理察．傅士德（Richard Foster）在《簡單的自由》（*Freedom of Simplicity*）一書中寫道：「想想看，我們內心蠢蠢欲動、不斷啃咬的貪念為人生帶來多少痛苦啊！我們陷入債務的深淵，做兩三份工作來打平開支。我們在不必要的情況下一連搬幾次家，讓家人遠離家園，只為了擁有一間更體面的房子。我們強取豪奪，永遠嫌不夠。為害最大的是，我們閃亮名貴的汽車、精彩的體育賽事和後院的泳池，在在排擠掉對公民權的關切，遑論內陸城市的貧困或印度快餓死的大批人口。貪婪經常會切斷同情（compassion）的繩索。」的確，我們忽視挨餓的群眾，三千八百萬人的性命證實了美國未能用慈悲、公正的方式分享資源。拜金導致心腸變硬，也可能使我們在面對剝削或缺乏人性的行為時——不論是對自己或他人——採取寬恕或睜一隻眼閉一隻眼的做法。

許多六〇年代的激進派人士後來變得全心擁護資本主義，從他們曾經批判、亟欲摧毀的制度中獲取利益。從和平與愛的文化轉變為權謀分贓的政治，卻沒有人為價值觀的轉變負責。轉變之所以產生，是因為嬉皮住在像烏托邦的公社內，他們很年輕、無憂無慮，自由的愛在其間生長茁壯，但這份愛卻無法在工作人口和退休人士的日常生活中扎根。一度全心推廣社會正義的年輕進步分子，發現自己生活在社會邊緣或外圍時，要維持激進的政治觀點很容易，但是他們不想再辛苦改變或重整現今的體系，使其肯定和平與愛，或者民主與正義的價值，於是陷入了絕望。而這份絕望迫使他們接受現今的社會秩序，以維持舒適的生活。

沒多久，這一世代就發現自己雖然愛正義，更愛物質享受。花幾年時間為正義奮戰、為有色人種和所有種族的女性爭取公民權，是一回事，但是想到一輩子可能要面臨物質上的匱乏或被迫分享資源，則是另外一回事。許多曾經起身反抗特權的激進分子和嬉皮，一旦開始生兒育女，也希望子女同樣能夠獲得他們所知的各種特權，同時享有起而反抗的餘裕；他們希望子女有經濟保障。與此同時，許多出身貧苦的激進分子和嬉皮也希望覓得一個物質充裕的世界，能夠好好活下去。每個人都擔心要是繼續支持公社與資源共享的願景，就得過比較差的生活。

我最近幾次在外吃晚餐，桌上擺著美食和飲料，但我心情低落，因為聽到幾名改變立場的激進分子開玩笑表示，早在幾年前他們絕對想不到自己會轉而支持「社會自由和財政保守主義」，並且想終止社會福利，支持推動大企業。威廉森提出發人深省的觀點：「今日美國對於社會福利的反彈，並非真的是因為福利遭到濫用，多半還是為了反對公共領域的同情心。儘管美國有很多道德魔人，愛管別人的私事，但對社會道德的質疑卻太少了。我們名列世上最富裕的國家，但和其他西方工業國家相比，我們只花極少的錢照顧窮人。美國有五分之一的兒童過貧困的生活，半數非裔美籍兒童生活貧困。在西方工業國中，美國是唯一未實施全民醫療照顧的國家。」這些都是大家不願面對的真相。很多美國人不敢衷心接納同情的倫理，唯恐威脅自身的保障。他們被洗腦，以為只有在自己擁有比別人更多時，才算有保障，於是大家不斷累積財富，卻依然覺得沒保障，因為總是有人積攢得更多。

目前我們正在目睹貧富差距日益擴大，有產與無產階級的鴻溝越來越深。享有階級特權的人住在一看就知道相當豐足富裕的住宅區。不過，富裕生活的隱形成本卻沒那麼容易看穿。我們無須目睹多數人在受苦，這樣一來，少數人便可過窮奢極欲的生活。我曾經問一名新崛起的富豪，最喜歡富人生活的哪一點。他說他喜歡看金錢驅使人們去做任何事，金錢是如何讓人違背價值觀、改變立場。他是貪婪文化的化身。他成為有錢人的滿足感不僅基於「比別人擁有更多」的欲望，還想利用權力來貶低、羞辱別人。為了滿足貪念，讓貪婪繼續下去，人必須支持宰制，而宰制的世界永遠沒有愛。

人是脆弱的，我們都受過誘惑。就算是全心追求愛的倫理的人，偶爾也會受到貪念驅使，這種時候很危險。並非只有道德隳壞的人，才被貪婪控制。立意良善、心腸慈悲的人，也可能因為生平第一次有機會享有權力或特殊待遇而把持不住。當美國總統濫用權勢，引誘一名被政府僱用的年輕女子進行合意性交，他等於公然表達了貪婪（編按：此處指的是柯林頓的性醜聞案）。這種行徑表示他願意為了肉體的滿足而冒險，即使失去所珍視的一切也無所謂。很多美國人覺得他濫用權力只不過是常見的情況，他純粹是運氣不好才被逮到——這種想法進一步證明了貪婪的政治獲得寬恕。這體現了貪婪的心態，這種心態會耗損我們去愛的能力，而具備去愛的能力才能夠為深愛的人做出犧牲。與此同時，這名年輕女子玩弄事實和細節，最終為了物質報酬出書賣錢，她太想出名致富，不惜糟蹋自己。而社會大眾覺得這個賺快錢的詭計沒什麼大不了。她非常貪心，還希望別人將她看成受害者。她是什麼也不怕的騙子，利用資本主義者沉迷於幻想，試圖改寫劇本，將兩人合意苟且一事形容成愛情故事。她希望大家被誘惑，從而忽視一項事實：在欺騙、背叛、不顧及他人感受的情況下，愛不可能生長茁壯。這不是愛情故事，而是將貪婪政治的運作改編成給大眾看的戲。貪婪極為熾烈，摧毀了愛。

貪婪容不下愛與同情，簡單過生活則可騰出地方給愛與同情。簡單過生活是每個人用來抗拒日常貪念的首要方式。世界各地的人日漸意識到簡單過生活與資源共享的重要性。儘管公社主義在全球各地都遭到失敗，但公社的政治運作依然重要。我們都可以抵抗貪念。我們可以一起努力改變公共政策，選出誠實、具進步思想的領袖。我們可以關掉電視機。我們可以表達對愛的敬意。為了救地球，我們可以停止無謂的浪費，回收利用，支持改善生態、有利於生存的先進策略。我們可以藉由資源共享，歌頌闡揚公社精神與相互依存的關係。這些行為展現出對生命的敬意和感激。當我們珍視延遲享樂的價值，為自己行為負責，就簡化了情感的宇宙。簡單過生活讓我們更容易去愛。選擇過簡單的生活一定會增強我們去愛的能力，而我們透過這種方式練習同情，日復一日使我們與世界社群的連結更穩固。

8 COMMUNITY: LOVING COMMUNION

群體：帶著愛交流

群體無法在分裂的生活中扎根。群體的外在型態和形式，是由一個個完整自我的種子發展而成的：唯有當我們和自身交流，才能夠和他人成為群體。

—帕克．巴默爾（Parker Palmer）

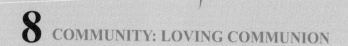

男性和女性組成群體，世界各地的人類才得以繼續存活。是群體讓生命延續，而非核心家庭，亦非伴侶，當然也絕對不是粗糙的個人主義者。要掌握愛的藝術，沒有比群體更好的地方。史考特．派克在《另一種鼓聲：群體的組成與和平》（*The Different Drum: Community Making and Peace*）一書的開頭提出深刻的宣言：「解救世界必須透過群體，在群體之內完成。」派克給群體定義是「一群人組成了團體，這些人已經學會誠實溝通，彼此之間的關係並不流於表面上的沉著平靜，而是更加深刻，而且都許下重大的承諾：『一起歡喜、一起悲悼』，並且要『彼此相處愉快，切身感受對方的處境』。」每個人都生在群體當中，幾乎沒有一個嬰兒誕生時是處於隔絕的狀態，只有一兩個人旁觀。嬰兒來到世上時，可能同時面臨多個群體：家人、醫生、護士、助產士，甚至在一旁讚嘆的陌生人，構成了連結網絡，有親有疏。

美國社會在談論「家庭價值」時，大多強調核心家庭，這種型態的家庭是由母親、父親，最好只有一兩個小孩所組成。在美國，這種家庭型態被視為最主要、最適合養育子女的組織，可確保每一個家庭成員的幸福。當然，這是幻想出來的家庭形象。這個社會幾乎沒有一個人是在這種環境下生活。即使是在核心家庭中長大的人通常也將其視為大家庭的一部分，因為還有其他親屬。資本主義和父權體制一起形成宰制的社會結構，加速讓這個由親屬組成的大家庭失去功能，而私人化的專制小家庭取代了大家庭此一群體，增加了疏離，權力更可能遭到濫用。這種家庭型態給了父親絕對的管教權，母親對子女只享有次級權力。為了促成核心家庭從大家庭當中分離出來，婦女被迫依賴某一個男人，而子女必須依賴某一個女人。這種依賴變成了（現在仍是）權力濫用的溫床。

父權核心家庭的失靈，已有非常完整的紀錄。目前發現這種家庭多半功能失調，有情緒混亂、疏於照顧、虐待等情況，只有那些不肯承認的人才繼續堅持這種環境最適合育兒。儘管我無意暗示大家庭比較不可能有功能失調的問題，但光是從規模來看，它包括了沒有血緣的親屬（例如嫁入這個家庭的人及其血親），大家庭由不同的人組成，因此至少會有幾個心智健全又有愛的人。

我首次公開談論自己家裡功能失調時，母親非常生氣。她覺得我能有所成就，就表示我在這個核心家庭並未受到「那麼多」苦。不過我知道，我之所以挺過童年時期的痛苦，發光發熱，是因為大家庭當中有幾個有愛的人，是這些人給我滋養，使我感受到希望和可能。他們讓我看到我們家的互動模式並非常態，不論是思考或行為都有其他方式，跟我們家習以為常的模式不同。這個故事很常見。要戰勝功能失調的核心家庭，不致滅頂，可能需要精神分析學家愛麗絲・米勒（Alice Miller）所說的「帶來覺悟的證人」（enlightened witnesses）。幾乎每一個在幼年時經歷不必要痛苦的人，都可以告訴你一個故事，是某人的慈愛、溫柔與關心重新給了他們希望。只有當家庭被包含在更大的群體之中，這種情況才會發生。

私人化的父權核心家庭，算是相當晚近才在世界上出現的社會組織。世界上大多數的人並沒有（將來也不會有）住在小家庭中的物質資源，可以脫離大家庭的群體而存在。在美國，研究顯示種種經濟因素（買房的高成本、失業）正快速創造出一種文化氛圍，成年子女更晚才離家獨立、經常回家，或根本沒離開過家。人類學家和社會學家的研究顯示，私人化的小家庭（尤其是依父權思想組成的小家庭）對每個人來說，都是不健康的環境。全球各地，開明而健全的養育方式在群體和大家庭的網絡中最能付諸實現。

大家庭的成員很容易學到群體的力量，不過唯有人與人之間進行坦誠溝通時，才會成為群體。功能失調的大家庭通常有溝通模糊不清的特色。家中若有不可告人的祕密，大家庭的成員就不太可能形成群體。以前有一句廣告詞是：「家人一起禱告，感情不會散。」因為禱告是一種溝通方式，的確能夠幫助家人維繫感情。我記得十幾歲時聽到這句廣告詞，通常是有權威的人強迫我們禱告時套用這句話，還把它改成：「家人一起聊天，感情不會散。」一起聊天也是建立群體的方式。

假如我們沒能在原生的大家庭內（第一個形成群體的地方）體驗到愛，對孩童來說，友誼是另一個可能的出口，得以建立群體，了解到愛。既然朋友是自己選的，許多人從孩提到成人時期，都向朋友尋求家人無法給予的關懷、尊重、了解與全方

位的支持，以持續成長。蘇珊．米勒（Susan Miller）在她動人的回憶錄《別讓我失望》（*Never Let Me Down*）中回想過去：「我不斷在想，愛一定在這裡，就在某個地方。我不斷朝自己的內心尋找，但是找不到。我知道什麼是愛，那是我對自己的洋娃娃、對美麗的事物、對某些朋友會有的感覺。後來，我認識了黛比，很要好的朋友，更加確信愛是讓你覺得自信愉快的人事物，而不是讓你覺得難受、討厭自己。愛是給你安慰，釋放你的內心，讓你發笑。有時候黛比和我會吵架，但那不一樣，因為我們基本上還是心意相通。」有愛的友誼給了我們一處空間，在雙方的關係中體驗到群體的喜悅，學會在關係當中處理所有的問題、解決分歧和衝突。

大多數人若不是在第一個家（原生家庭）找到愛（因為那裡沒有），就是在第二個家——我們期待透過浪漫的結合，尤其是通往婚姻或終身陪伴的關係，來組成家庭。許多人從小聽人說，友誼永遠不該被看成跟家人同等重要。然而，友誼卻是大多數人首次發現有救贖的愛和互相關心的群體。在友誼中我們學會愛人，這賦予我們力量，好讓我們把這份愛帶進跟家人或愛侶的互動當中。我有個好友年紀輕輕就失去了母親，有次我抱怨母親很愛念我，她說她願意拿一切來交換，只要能再聽一次母親罵人的聲音。她提到失去母親的痛苦，還說多希望當初能夠再努力一些，找到和母親溝通的立足點，達成和解。她這番話點醒了我要多展現同情，盡量多看母親讓我感到愉快的一面。和朋友交往時，我們可以聽到誠實的批評，深知朋友是為我們好。我朋友希望我珍惜母親還在的日子。

我們經常將友誼視為理所當然，即使友誼是讓雙方都感到愉悅的互動。我們將朋友放在第二位，談戀愛時尤其如此。貶低友誼的價值造成了一種空虛，但當我們滿心只想談戀愛，或全副心思放在選定的情人身上時，可能沒看出空了一塊。當我們全數切斷和朋友的關係，只把注意力放在我們認定最重要的關係上，這段一心一意的愛情很有可能演變成相互依賴。當原本單身的好友開始談戀愛，同時逐漸跟我疏遠，尤其使我難受。如果摯友選擇一個跟我完全不對盤的伴侶，我會感到心痛。他們不只是做什麼事都在一起，而且她現在只跟男方覺得最順眼的幾個朋友密切來往。

我們願意公開面對我們關係的轉變，並做出必要的改變，這彰顯出我們友誼的強韌。我們不再像以前那麼常見面，也不再天天通電話，但是我們之間的正向情誼絲毫未變。越是真摯的愛情，越不會給我們心理壓力，要求我們疏遠朋友或斷絕來往，以鞏固這份愛情。信任是真愛的核心。而且我們相信伴侶給朋友的關注（反過來也一樣），不會從我們身上奪走任何東西，我們分毫無損。我們從經驗中得知，我們建立深厚友誼的能力也可加強每一種親密關係。

若我們將「愛」視為願意透過關心、尊重、了解等行為，並且承擔責任，以滋養自身或他人的靈性成長，生命裡每一種愛的基礎都是一樣的，並沒有專為戀人保留的特別的愛。我們和自身、家人、朋友、伴侶、任何深愛之人之間的關係，都建立在真正的愛上面。儘管我們必須視一段關係的本質，而有不同的行為表現，或做出不同程度的承諾，但只要指引行為的價值觀是基於愛的倫理，那麼任何人際互動都一樣。以我談得最久的那段戀愛為例，我在關係當中表現得比較傳統，認為愛情最重要，其他人際關係統統靠後。當那段感情破裂，我發現自己很難放下，我也發現自己接受對方的某些行為（言語和身體暴力），換作是朋友，我根本不會容忍。

我從小接受的教養讓我相信這樣的關係是「特別」的，比其他關係更值得敬重。大部分生於一九五〇年代或更早的人，不分男女，都在社會化過程中被灌輸一個概念：婚姻和任何一種忠誠的戀愛關係應該凌駕於其他關係之上。要是我當時從強調成長（而非責任與義務）的立場來看這段關係，就會明白虐待對感情造成不可挽回的傷害。女人往往以為默默忍耐刻薄寡情的對待，寬恕對方，忘記他犯的錯，是承諾的象徵，是愛的表示。事實上，若我們用對的方式去愛，就會知道在面對殘忍無情的對待時，讓自己逃離傷害才是健康而有愛的做法。雖然我年輕時就是堅定的女性主義者，但有段時間，我在人與人的權力關係上，對平等的看法深受宗教和家庭教育的影響，在社會化過程中被迫相信我必須盡一切努力來挽回「這段感情」。

如今回想，我知道自己那時尚未掌握愛的藝術，這段感情從一開始就面臨風險。在我們交往的十四年當中，兩人只顧著重複童年時期學到的行為模式，對愛有錯誤認知，還根據這種認知來表達愛，不明白自己該做出改變，才能夠去愛人。重要的是，我跟許多在感情當中遭到親密恐怖主義壓迫的女人和男人（不論性偏好如何）一樣，要是我能夠把友誼當中一定程度的尊重、關心、了解和責任，帶進這段感情，我就會更早脫身，或者在這段關係中復原。有些女人無法忍受朋友對她施加情緒與身體虐待，卻一直待在經常出現這種行徑的戀人身邊。要是她們把這套友誼的標準運用在感情上面，絕不會接受不公平的對待。

我發現這段關係耗去太多時間和精力，決定斬斷多年的感情後，自然覺得非常孤單和寂寞。那時我醒悟到，和你深愛而且互相忠誠的人來往，在生活中被愛包圍，日子會更加充實愉快。許多人都是在分手後才發現自己孤伶伶，和朋友缺少有意義的連結，從痛苦中學到了教訓。而且，在愛情中害怕被拋棄，卻又遭到拋棄，向我們證明愛的原則可以運用在任何有意義的人際關係上。每一種有意義的關係都必須做到好好地愛，並非只限於戀情。我認識有些人願意接受人生最重要的關係裡有欺瞞不實，或者他們本身就不誠實，卻絕不接受欺騙的友誼。令人滿足的友誼讓我們在其中分享對彼此的愛，為包括戀情在內的其他人際關係，提供行為上的指引，幫助每個人了解群體的意義。

我們在有愛的群體中，藉由展現同情與寬恕，長久維繫感情。艾瑞克・巴特沃斯（Eric Butterworth）的《活著是為了愛》（*Life Is for Loving*）其中一章談論愛與寬恕，他提出很有見地的看法：「沒有愛，我們就無法忍耐，而唯有透過完全的寬恕，才能夠重新回歸愛的療癒、撫慰、和諧的境地。如果我們想獲得自由、平靜、愛與被愛的經驗，就必須放下怨懟，寬恕過去的一切。」寬恕是慷慨的舉動，我們必須放下自己憤怒的感受，先把某人從過錯或痛苦的牢裡釋放出來。透過寬恕，我們清出一條通往愛的路徑，這麼做代表了尊重。要達到真正的寬恕，我們必須了解他人的負面行為。

儘管寬恕是靈性成長的要素，卻沒辦法立刻改善一切。新時代談論愛的著作往往讓人覺得只要我們有付出愛，一切都會一直好好的。在現實層面上，處於有愛的群體當中，並非意謂著我們無須面對衝突、背叛，也不表示正向的作為一定有好結果，好人就一定不會倒楣。但是，愛使我們能夠用肯定生命、積極向上的態度來面對不好的事。我曾經很欣賞一名同事的工作能力，把她當成朋友，但她毫無來由（到現在我還摸不著頭緒）開始針對我的工作寫下惡毒的評論，使我震驚。她的批評全都是謊言和誇大之詞。在此之前，我很關心她，她這麼做傷害了我。為了療癒這份痛苦，我試圖同理她的處境，找出她這麼做的理由。羅賓・葛薩姜（Robin Casarjian）在《寬恕是勇敢的抉擇，帶來內心的平靜》（*Forgiveness: A Bold Choice for a Peaceful Heart*）一書中解釋道：「寬恕是一種生活方式，讓我們逐漸從受到環境影響、無能為力的受害者，轉變成具有力量與愛的『共同創造現實的人』……，這種感知能力若逐漸消失，會減損我們愛的能力。」

透過同情與寬恕的練習，我仍然能夠讚賞她的工作表現，試著消化失去這段關係產生的悲傷和失落。練習同情幫助我了解她為何有這種行徑，並且原諒了她。寬恕意謂著我仍可視她為群體中的一分子，假如她希望再次進入我的心，我仍在心中為她保留一個位置。

每個人都渴望有愛的群體，它增加生命的喜悅。但不少人尋找群體的歸屬，只是因為害怕孤單。想要掌握愛的技巧，懂得獨處是關鍵。若我們安於獨處，我們就不是為了逃避孤單才跟他人相處。神學家亨利・諾文（Henri Nouwen）畢生強調孤獨的價值。他寫了許多書和文章，提醒大家別將孤獨視為需要隱私；他覺得在孤獨（solitude）中，我們能夠找到正視自己、卸下偽裝的地方。他在《伸出援手》（*Reaching Out*）一書中強調「現今人類普遍因為孤單（loneliness）而受苦。」

諾文主張：「沒有一個朋友或戀人、丈夫或妻子、群體或共居的團體，能夠熄我們對於團結與完整的深切渴望。」他明智地建議讀者藉由擁抱獨處，讓神性在其中顯現，來平息這些感受：「從孤單到孤獨的轉化之路很難走。與其逃離孤單，試圖忘記或否認它，我們反而必須保護它，把它變成收穫滿滿的孤獨……。孤單讓你痛苦，孤獨卻帶來平靜。孤單讓我們不顧一切緊抓住別人不放，孤獨使我們能夠尊重他人的獨特性，並創造群體。」若我們教導小孩享受安靜時光，單獨面對自己的念頭和幻想，他們長大成人後也會繼續運用這項技巧。不論年輕或年老，許多人透過冥想練習來擁抱孤獨，克服對孤單的恐懼。首先要學會安靜不動地「坐」著，才會逐漸了解單獨一人時的愜意。

從孤獨邁向群體，表示我們有能力和他人建立休戚與共的交情。有了這份情誼，我們學著為他人服務。服務是群體之愛的另一個面向。伊莉莎白・庫斯勒—羅斯（Elisabeth Kübler-Ross）在《天使走過人間》（*The Wheel of Life*）這本自傳的結尾坦白表示：「我可以向你保證，你這一生最豐厚的報酬將來自向需要幫助的人敞開心扉，幫助有需要的人。最大的祝福總是來自於助人。」女人始終是（現在仍是）世上最偉大的老師，教導大家明白服務的意義。世人公開紀念德蕾莎修女和其他以服務為使命的傑出人士，但每個人都認識一些默默無聞的女人，儘管未能得到舉世的認可，卻用耐心、仁慈和愛來服務人群。這些有愛心的女人是我們每一個人學習的榜樣。

之前提過我對母親不太有耐心，但當我檢視她的人生，卻訝異發現她努力服務他人。她讓每一個子女明白服務的價值與意義。我小時候親眼看到她耐心看護病人和垂死之人。她為這些人提供庇護和救助，毫無怨言。她透過行為讓我理解盡情給予的價值。最好要記住這些行為，因為我們很容易忘記女人在日常生活中對其他人的服務——她們所做的犧牲。男性至上的思維經常蒙蔽一個事實：這些女性選擇為人服務，是發自內心地給予，而不是生物學決定的命運。很多人對服務興趣缺缺，還貶低服務的價值。有人認為一個女人之所以服務人群，是「因為母親或真正的女人都會給予」，這種想法是在否認她完整的人性，因而看不出她的行為本身帶有慷慨。很多女人對服務並無興趣，甚至不重視它。

甘願犧牲是愛的實踐與群體生活的必要面向。沒有人能一直按照自己的方式行事。我們放棄某件事，以堅守對集體幸福的承諾。我們願意犧牲，表示我們意識到休戚與共的關係。金恩認為有必要消弭貧富的鴻溝，諄諄告誡：「所有男人和女人都陷在無所遁逃的互惠關係脈絡中，被繫在一件命運的長袍上。直接影響某人的事也會間接影響到全體。」分享資源可以消弭這道鴻溝。日復一日，不算富有但享有一定物質待遇的人決定與他人共享，有些人定期捐出一小部分收入，另外一些人每天進行愛的練習，將物資給予需要幫助的人，哪怕只有一面之緣。互相給予使得群體更緊密。

充滿愛的群體生活賦予我們更大的力量，使我們不再害怕遇見陌生人，願意用開放的態度跟他們打招呼。我們只要和陌生人交談，承認對方在這世界上存在，便建立了聯結。群體給我們上了寶貴的一課，我們每天都有機會練習這門功課。對人和善有禮串連起人我的關係。派克在《另一種鼓聲》中提醒大家，一個真正的群體，其目標是「設法讓自己和他人一起在愛與和平中生活」。不像其他社會改革運動必須加入組織、參加會議，我們不論在何處都可以建立群體，先從主動微笑、親切問候或閒聊幾句開始，透過行善或感謝對方的好意，來建立群體。我們每天可以努力帶領家人一起融入更大的群體。有次我問哥哥是否考慮搬到我居住的城市，這樣我們就可以更常見面，他聽到這個建議很高興，因為他覺得更有歸屬感；而他想和我住在同一個地方，也讓我覺得被愛。每回我聽朋友談到和家人關係疏遠，我就鼓勵他們尋找一條療癒的道路，讓關係恢復。我妹妹是個同性戀，一度想跟家人脫離關係，因為她覺得家人經常表現出恐同的態度。我同意她有理由感到氣憤失望，同時鼓勵她設法找出跟家人保持關係的做法。過了一段時間，她看見重大的改變，發現理解取代了恐懼；如果她接受疏遠家人是拒絕痛苦的唯一反應，這一切就不會發生了。

我們在治療家庭創傷時，也使群體更緊密。因為這麼做就是在進行愛的練習。一群陌生人要建立有建設性的社群，必須奠下愛的基石。我們在群體內醞釀的愛，能跟著我們去到海角天邊。有了這份知識作為指引，不管我們去哪裡，都會在那個地方重新找到愛。

9 MUTUALITY: THE HEART OF LOVE

互惠：愛的核心

真正的給予，是一件非常快樂的事。當我們內心浮現給予的念頭、在給予的當下、在事後回想我們有所付出的事實時，都體驗到快樂。慷慨是慶賀。我們對別人付出時，會覺得和對方有了連結，而我們對於和平與覺察的投入會愈加深刻。

—雪倫・薩爾茲堡（Sharon Salzberg）

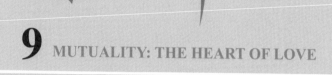

愛給了我們進入樂園的機會，但許多人仍在門外徘徊，跨不過那道門檻，丟不掉我們累積的許多阻礙愛的東西。如果這一生很少有人帶領我們走在愛的路上，我們通常不知道怎麼去愛，不知道該做什麼、應該有什麼樣的表現。年輕人內心的絕望，一大部分是因為相信自己做了每一件「對」的事，或者每一件事都做對了，但愛仍未出現。他們竭力追求愛與被愛，但種種努力只產生壓力、衝突與永不滿足。

我二十幾歲到三十出頭的時候，覺得自己非常了解愛是何物。但每當我「墜入愛河」，就陷入痛苦。在我一生當中最刻骨銘心的兩段戀情中，兩個對象都有酗酒的父親。兩人都不記得和父親有過任何正向的互動，兩人的母親工作賺錢，把他們帶大，都沒再婚。他們的性格都跟我爸很像：安靜、勤奮、吝於表達感情。我還記得我將第一個男人介紹給家人時，幾個姊妹都很驚訝，因為她們覺得他「超像爸爸」，而「你一向討厭爸爸」。那時我只覺得荒謬，不論是我討厭我爸這件事，抑或我選擇的伴侶有任何一點像他的地方，怎麼可能！

我跟他交往了十五年，不只明白他跟我爸很像，還發現自己有多想贏得他的愛，那是我不曾從父親身上獲得的愛。我希望他既是關愛的爸爸，也是溫柔的伴侶，從而給我一方療癒的天地。我幻想只要他愛我，把我小時候沒能得到的關心全部給我，就能修補我受創的靈魂，而我又能再度付出信任與愛。但他做不到。從來沒有人教過他要如何去愛。他跟我一樣在愛的陰影當中摸索前進，我們倆一塊鑄下大錯。他希望我給他無條件的愛與照顧，就像他母親百般付出，從不要求回報。他從不關心別人需要什麼，還一味認定人生就是這樣。我試著一個人經營兩個人的感情。

不消說，我沒得到一心想要的愛，而是停留在熟悉的家庭爭鬥當中。我們倆陷入兩性戰爭。在這場戰爭中，我竭力想摧毀火星與金星的兩性模式（譯註：火星代表男性，金星代表女性），以擺脫既定的性別角色認知，忠於自己的內在渴望。但他執意相信兩性不同的典範理論，其基本假設是男人天生有別於女人，有不同的情感需求和渴望。他認為我的問題在於不肯接受這些「天生」的角色。活在女權時代的許多男士都是開明的自由派人士，他也不例外。這些人相信女人應該有同樣的工作機會、賺同樣的收入，但一談到家務和感情，他仍然相信照顧看護是女性角色。跟許多男人一樣，他只要「像媽媽」一樣的女人，這樣他就不必費力長大。

心理學家丹・凱里（Dan Kiley）於一九八〇年代初期出版了極富開創性的《長不大的男人》（*Peter Pan Syndrome: Men Who Have Never Grown Up*），他正是書中描述的那種男人。書封上說，這本書以嚴肅態度探討一種社會心理現象，是美國男性都要面對的問題：拒絕變成男人。「儘管他們已經長大成人，卻無法用負責的態度處理大人的感受。他們和內心的情緒脫節，害怕依靠別人，就算是最親近的人也一樣，自我中心又自戀。他們戴上看似正常的面具，其實內心空虛寂寞。」這一代的美國男性歷經女權運動帶來的文化變革，不少人是在父親缺席的家中長大。當他們聽到女性主義思想家說男人不必充滿男子氣概，心裡是非常高興的。但是，除了傳統的大男人一途，只剩下另一種選擇：不要變成男人，繼續當個男孩。

既已決定繼續當男孩，他們就不必承受切斷和母親之間緊密紐帶的痛苦（母親總是無條件地溺愛他們）。他們只需找另一個女人，沿用母親的手法來照顧他們。

若女人無法像母親一樣，他們就用各種方式發洩不滿。最初，身為年輕的激進女性主義者，我非常高興遇見像他這樣的男人，因為他對於當一家之主沒什麼興趣，即使我得無視他的抗議，把他調教成大人，這份辛苦也值得。我相信自己最終會得到一個平起平坐的伴侶，像同儕一樣愛對方。但我為此付出的代價是：他從大男孩的頑皮活潑，變成我從未想要交往的那種大男人。他拿我當成攻擊目標，說我哄騙他脫離男孩的階段，還因為害怕自己無法完成男人的任務，一味責怪我。這段關係快結束時，我已經成長為一個能自我實現的女性主義者，但我對於愛使人轉變的力量幾乎失去信心。我非常傷心，主動提出分手，同時擔心我們的文化尚未準備好肯定自主的女人和自主的男人之間相互付出的愛。

—

後來我跟一個年輕許多的男人交往，他才剛成年不久，還在努力適應這個將男子氣概與宰制劃上等號的社會，於是類似的權力角力再度出現。他不算強勢，但這個世界只會從權力角度來看待我們的感情，看誰在這段關係中握有權力，而他必須面對這樣的世界。過去有些人若是看到我年紀較長的伴侶不說話，就會覺得有股威脅的意味，認為他是在展示「權力」；但要是看到我年輕的男朋友不說話，他們通常會說是因為我太強勢。我最初受到年輕男友的吸引，是因為他的「男性特質」代表了不同於父權規範的另一種選擇。但最後，他沒有感受到這股男性特質受到世上其他人的肯定，越來越相信傳統男女分工的觀念，而他的言行舉止反映出男性至上的想法。我注意到他的掙扎，發現當男人選擇背叛父權體系，幾乎得不到什麼支持。雖然這兩個男人年紀差了兩個世代以上，卻都沒有仔細思考過什麼是愛。儘管他們在公開場合支持性別平等，但私底下仍深信愛是女人的事情。對他們來說，一段感情是找到一個人來照顧他們的各種需要。

在男女猶如火星和金星截然不同的宇宙中，男人要權力，而女人要的是情感依附和聯繫。在這個世界，沒人真正有機會了解愛，因為眾人趨之若鶩的是權力，而不是愛。享有權力是父權思想的核心。被灌輸這套想法的女孩和男孩，抑或是女人和男人，幾乎都因此認定愛不重要，或者就算愛很重要，但也沒有像掌權、宰制、控制、高高在上來得重要。有些女人對生命中的男人付出無私的關愛與照顧，彷彿被「愛情」沖昏頭，但其實她們多半偷偷用這種方式奪取權力。就像一段關係中的男人，有些女人和人展開交往時，口口聲聲是為了愛，但從她們的行為來看，顯然維持權力與控制才是首要之務。這種情況不代表沒有關心愛戀，當然有。正因如此，女人（以及有些男人）即使面對充滿權力角力的關係，也很難說斷就斷。由於這種「一個願打、一個願挨」的權力運作模式可以（通常的確是）跟愛戀、關心、溫柔、忠誠同時存在，有權力欲的人可以輕易否認真正的計畫，甚至對自己否認。他們積極的作為給人希望，以為愛終將戰勝一切。

悲哀的是，若某一方（不論男女）想繼續控制一切，在這種情況下，愛無法獲得勝利。這兩段關係甜蜜中帶有苦澀，釀造愛的每一個要素都在，但對方並沒有把愛當成該做的事。若某人對愛不了解，很難讓他相信，伴侶關係的首要基礎是相互滿足與成長。他可能只了解並且相信權力運作模式，一個在上、一個在下，在一個願打、一個願挨的型態中爭奪主導權；諷刺的是，他按照這套標準模式生活可能覺得比較「安全」。他曾經飽嘗背叛的滋味，可能對信任產生恐懼。至少當你抱住權力運作關係不放，就永遠不必害怕未知，你明白權力遊戲的規則。不管發生什麼事，都預測得到後果。而愛的實踐不會給我們一處安全的港灣。我們可能得面對失去、受傷、痛苦，還可能遇到難以控制的外力來攪局。

當個人童年時在本來應該教會我們何謂愛的地方受了傷，這道傷口可能創深痛巨，即使之後重回這個地方，依然覺得此處不安全，有時候簡直有性命之憂。男性尤其是如此，而有童年創傷的女性，會得到文化上的支持來培養對愛的興趣。儘管這份支持是基於男性至上的邏輯，仍然意謂著女性更可能受到鼓勵去思考愛，和重視愛的意義。我們可以公開表達對愛的渴望，並且得到肯定。然而，這並不意味女性比男性更有能力去愛。

女性在父權思想的鼓勵下，相信自己應該有愛心，但這並不表示我們在情感上比男性更穩定成熟，可以實踐愛。許多女性害怕愛，只想找到伴侶。《戀愛守則：擄獲真命天子的千錘百鍊致勝祕訣》（*All The Rules: Time-tested Secrets for Capturing the Heart of Mr. Right*）這類書籍廣受讀者歡迎，書中鼓勵女人用欺騙和操控的手段找到伴侶，顯示出這個時代的憤世嫉俗。這些書都承認傳統男性至上的觀念，強調兩性差異，企圖要女人相信兩性關係不可能建立在相互尊重、坦誠、關懷之上。作者傳達給女人的訊息是：感情一向只跟權力、操控、強迫有關，也就是要讓某人做你希望對方做的事，即使違背他們的意願也沒關係。這些作者教女性施展女性的花招大玩權力遊戲，卻沒有指引女性如何愛與被愛。

許多暢銷的心靈自助書籍將男性至上視為常規。兩性的習慣（通常被視為天性）和後天習得的行為有關，是為了鞏固男性主導的地位，但他們的態度彷彿兩性差異是與生俱來、神祕費解，而不是價值判斷或政治考量的產物。這些書多半說，男人不能或不願誠實表達感受是代表陽剛的正面特質，女人應該要學著接受，但事實上，這是後天習得的行為習慣，而且會造成情感上的孤立和疏離。約翰・格雷稱這種情況為「男人鑽進洞穴」，更斷言打擾男人清靜的女人一定會受到懲罰。格雷認為女人才需要改變行為。反對兩性平等的心靈自助書籍往往將女人一味想照顧人視為「天生」的內在特質，而非後天習得的照顧方式。此外，還出現許多花俏技倆，以美化新時代運動提出的陰與陽、男女合一之類的神祕說詞，其實只是將傳統性別刻板印象用更動聽誘人的話術來包裝罷了。

要了解愛，我們得先拋棄向來深信不疑的男性至上思想，不論它在我們的生命中以何種形式存在。這套想法可能會讓我們一再陷入兩性衝突，也就是以性別角色來看待男性和女性，而減損男性和女性的價值。為了實踐愛的藝術，我們得先選擇愛，亦即向自己承認，我們想要了解愛、付出愛，即使我們並不知道這代表什麼。那些極度憤世嫉俗的人，失去了對愛的力量的信仰，只好盲目地背棄信仰。狄帕克・喬布拉（Deepak Chopra）在《通往愛的路徑》（*The Path to Love*）一書中提醒讀者記住，愛沒有辦不到的事：「缺乏愛會導致痛苦，只有重新學會愛與被愛，才能夠填滿這種匱乏。我們都必須認識到一件事：愛是一股力量，跟重力一樣真實，時時刻刻都有愛的支持絕非幻想，我們本來就應該在這種狀態中生活。」大多數男人都不知道自己每天都需要獲得愛的支持，因為男性至上的思想通常不允許男人承認自己渴望愛，也更無法接受女人作為他們愛的道路上的嚮導。

女人通常從小就被父母（或主要照顧者）或大眾媒體教導，要學會照顧人的基本技巧——這是愛的實踐的一部分。他們教導我們展現同理心、照顧別人，最要緊的是，學會傾聽。這類教導我們實踐愛的社會化過程，通常不是為了讓女人懂得付出愛，或者和男人分享愛的知識；相反，是要讓我們發揮愛子女的母性。確實如此，大多數成年女性很快就把對愛的基本理解——表現出關心和尊重（愛的要素）——拋在腦後，重新接受社會洗禮，如此就可與代表父權的伴侶（不論男女）結合，而這個伴侶卻完全不懂愛的道理或基本的照顧技巧。很多女人無法容忍子女羞辱她、用難聽的話罵她，卻默默忍受男人這樣對她。女人和子女建立關係時，要求子女給她應得的尊重，但只要男人覺得這份尊重不符合他追求另一半或者定下來的欲望，那麼女人就會說「尊重」在成人關係裡面並不重要。

很少有父母或主要照顧者教小孩說謊。但成年男性卻時常說謊，不論是公然欺騙或隱瞞事實，大多被視為可接受的行為。要踏上愛的道路，選擇要誠實是第一步。實踐愛的人絕不會欺騙。一旦你選擇要誠實，第二步便是溝通。瑪麗安娜·威廉森在《療癒美國》中表示傾聽很重要，提到哲學家保羅·田立克（Paul Tillich）強調愛的第一項責任是傾聽：「我們得先學會傾聽，不只是聽對方說話，也要傾聽自己和上帝的聲音，才有可能深刻地溝通。虔誠的沉默是一種強大的工具，可治癒一顆破碎的心或一個國家……。做到這一點以後，我們再往上爬一階療癒之梯：有能力說明自己察覺到的真相，透過溝通的力量去醫治，也被治癒。」傾聽不光是聽到其他人說話的聲音，也要學會聽見自己的心和內在的聲音。

開始正視心中沒有愛，承認無愛很痛苦，就重新踏上了愛的旅程。不論是異性或同性的戀情，受傷的一方往往覺得伴侶不願「聽見」這份痛苦。經常有女人對我說伴侶不肯傾聽或溝通，她們感到心情低落。女人因痛苦而主動溝通時，往往被視為「嘮叨」。有些女人的伴侶一直抱怨「聽這種廢話煩死了」。兩種情況都會傷害自尊。童年時受過創傷的女人開口說出內心受傷時，常遭到羞辱。自己選的伴侶竟然不肯聽我們說話，嚴重打擊了我們的情感。不論伴侶是否了解我們的苦痛，他們不肯以同情的態度回應我們，是因為我們宣洩的痛苦觸發了他們自身的無力感或無助。很多男人根本不想感受無助或脆弱，有時候乾脆動粗讓伴侶閉嘴，這樣就不必面對脆弱無助。當伴侶能認識到彼此的互動模式，就可以在適當時間花一些時間交談，來彼此關心、聆聽對方的苦痛（最好不要在有一方累得半死、脾氣差或心事重重的時候，傾訴你的痛苦），雙方約個時間，用同情的態度聽對方說話，可以加強溝通與連結。當我們承諾要做好愛的功課，即使溝通過程會受傷，也要願意聆聽。

史考特．派克在頗受喜愛的《心靈地圖》中強調並且肯定了承諾的重要。愛的實踐少不了紀律和承諾，在感情萌芽的階段更是如此。派克寫道：「就算被人譏為淺薄，承諾的確為真心相愛的關係奠下基石。深刻的承諾並不能保證感情可以長久經營，但的確是最有助於經營感情的因素……。任何人若真心關切伴侶的靈性成長，便會了解（或憑直覺感到）唯有透過長久穩定的關係，才能滋養這份成長。」一我們的文化老是鼓勵我們盡快解除痛苦或不舒服的感受，因而我們只要稍微感到情緒上的痛苦，就承受不住了。當我們在關係中面臨痛苦時，第一個反應多半是斬斷關係，而不是維持承諾。

當我們走在愛的道路上，我們的內心或者我們和他人之間有衝突時，會覺得灰心沮喪，尤其是在遇到難以突破的困境時更是如此。以戀情來說，許多人害怕困在走不下去的關係裡面，衝突才剛發生就逃走；也有人縱容自己，創造出不必要的衝突，以逃避承諾。他們逃離愛，沒機會感受愛的恩典。他們必須跨越痛苦這道門檻，才能品嘗到愛的幸福。但他們逃離了痛苦，因此永遠不會了解愛的愉悅有多豐盈。

關於愛的錯誤觀念告訴我們，人在愛裡不會感到痛苦，會一直處於幸福的狀態。我們必須戳破這種虛假的觀念，才能夠認識並且接受現實：我們在開始愛的時候，受苦和痛楚仍在。某些情況下，當我們慢慢從無愛走向愛，會覺得更加痛楚難當。正如早期靈歌的歌詞提到的：「哭泣可能持續一個晚上，但喜悅會在早上降臨。」愛的實踐包含了接受痛苦，讓我們有能力分辨什麼是有建設性的受苦，什麼是自我放縱的傷害。若我們從未在人生中實現過愛的承諾，相信歷經痛苦的深淵後能到達天堂，或許是最困難的愛的實踐。蓋伊．科爾諾（Guy Corneau）在《愛的功課》（*Lessons in Love*）一書中表示，許多男人非常害怕情緒上的痛苦，長期迴避心中的那塊地方，寧願選擇過無愛的人生。「為數頗多的男人乾脆決定不做出承諾，因為他們提不起勇氣應付愛帶來的的痛苦，以及愛產生的衝突。」女人試圖拯救這些男人，讓他們重獲生命與愛，卻經常遭到嘲笑。事實上，他們才是真正的睡美人。若非溫柔的女人諄諄教誨許多遺忘本性的男人重新過生活，今日的世界可能更加疏離和粗暴吧。倘若這些男人拒絕覺醒、拒絕成長，這些推行愛的工夫就白費了。這種時候，女人能夠愛自己的方式，便是收回承諾，展開新的人生。

女人一直在努力引導男人去愛，因為父權思想認可女人做這項工作，但它同時告訴男人要拒絕引導，破壞了工作的成效。這套思想設定了男女有別的規矩，男人的情感需求比較容易獲得滿足，而女人的情感需求被剝奪。讓情感需求獲得滿足，有助於讓心理更健康。男人也因此贏得優勢，恰好符合父權體系再三強調的「他們比較優秀，因此更適合統治別人」。要是女人的情感需求獲得滿足，互惠成為常態，男性的統治地位可能動搖。可悲的是，為了回應女性主義者對男子氣概的批判而興起的男性運動，雖鼓勵男人試著了解自己的感受，但只有在「安全」的環境（通常是跟其他男人在一起的時候）才可以說出來。羅伯特．布萊（Robert Bly）是這項運動的主要領袖，卻極少談論男人和愛。參加這項運動的男人並未敦促彼此，讓有見識的女人在愛的道路上指引他們。

在愛的道路上，嚮導對我們的幫助很大。只要我們相信這名嚮導不會讓我們誤入歧途，或中途拋下自己，那麼他應能幫助我們克服恐懼。我們有勇氣對陌生人付出信任，總是讓我感到驚訝。比如說，我們生病進了醫院，把信任交託給一個團隊，即使並不認識他們，希望這群人可以讓我們康復。但我們往往不敢對關心我們的人付出情感上的信任，即使他們一直是忠實的好友。這是完全錯誤的思維，若我們想藉由愛改頭換面，必須先克服這種迷思。

愛的實踐需要時間。誠然，我們在社會上的分工讓一個人幾乎忙到沒時間，很少有體力和情感上的餘裕經營愛的藝術。我們何曾聽過有人說自己工作太操勞而沒時間去愛，所以他們打算減少工作量，甚至辭職，以打造一個可以付出愛的空間？儘管《意外的人生》（*Regarding Henry*）和《奇幻城市》（*The Fisher King*）這類電影都有感人肺腑的情節，敘述統治階級男性患了重病，促使他們重新檢視運用時間的方式，但在現實人生中，我們仍然不常聽到有權勢的男性或女性停下腳步，為自己的人生打造一處實現愛的空間。的確，伴侶之間若有人放太多心思在工作上，另一半在引導對方走上愛的道路時，很可能倍感挫折。要是有一部分稅收能夠挹注學校經費，教導每一個學生去愛，我們就不會有失業問題了，共享工作可能成為常態。假如我們的人生以愛為中心，工作可能有截然不同的意義和重心。

我們實踐愛的時候，會想付出更多。自私，也就是不肯接納對方，是戀情劃下句點的主因。羅伯特．史坦伯格（Robert Sternberg）在《用你的方式去愛》（*Love the Way You Want It*）堅定表示：「要是有人問我，最常破壞一段感情的元凶是什麼，我會說：自私。我們活在一個自戀的時代，有許多人從未學會（也可能是忘了）如何傾聽別人的需求。事實上，如果你只願意改變一件事，又希望關係很快有改善，那你只要把雙方的利益放在同等地位上就好了。」不論是戀情或任何人際關係，「慷慨給予」表示你承認對方需要獲得關注；關注是重要的資源。

表達愛的具體方式是慷慨分享全部的資源，可能是時間、注意力、物品、技能、金錢等。一旦我們踏上愛的道路，便會發現給予並不難。每一個實踐愛的人都可以給別人一份實用的禮物：試著寬恕他人。這麼做不只讓我們不再一味責怪，不再認定他人是造成我們長久無愛的元凶，同時也讓我們體驗到一股動力，知道自己有責任給予，以及必須靠自己尋找愛。我們無須因心中的匱乏而責怪他人，因為我們知道怎麼處理這些感受。我們知道如何給自己愛，並認識到周遭充滿了愛。一旦我們寬恕了自己和其他人，大部分由情感匱乏引起的氣憤也就跟著釋放。寬恕讓我們開啟心扉，準備好接受愛，我們才能夠踏上全心給予的道路。

給予使我們得以和每個人交流，讓我們了解到一切資源都很足夠，每一個人都可以雨露均霑。基督教傳統告訴我們，給予「開啟了天堂的窗戶」，讓每一個人「獲得多到承裝不下的祝福」。父權社會中的男人若想放下主導權，最好先學會給予，試著慷慨一些，進行愛的實踐。也因此，女性主義思想家極力強調男人育兒的優點。許多男人在照顧幼兒的過程中，有生以來第一次體驗到服務帶來的喜悅。

透過互相給予，讓我們體驗到互惠。為了治癒兩性權力鬥爭帶來的損傷，女人和男人應選擇在互惠的基礎上建立緊密的關係，確保雙方都有追求成長的機會並獲得滋養。這麼做，我們更能夠了解喜悅。雪倫・薩爾茲堡在《心和世界同樣寬廣》（*A Heart As Wide As the World*）一書中提醒我們：「練習慷慨讓我們擺脫因過度執著和依附而產生的孤立感。」如同薩爾茲堡在書中所說，培養慷慨的心是「心靈覺醒的主要特質」，可以鞏固戀愛關係。透過給予，我們也學會接受。一旦我們明白何謂真愛，每天都會跟他人進行施與受的練習。慷慨的心永遠保持開放，隨時都能接受我們的變化。當我們置身於這樣的愛裡面，就不必擔心遭到拋棄。這是真愛給我們最寶貴的禮物——知道我們永遠處於彼此。

給予可治癒靈性。靈性傳統告誡我們要給別人禮物，幫助他們了解愛。愛是行動，是促進分享的情緒。無論我們身處於愛自己或愛他人的過程，都不能停留在感受的境地，這也說明了為何要將愛看成一種實踐。一旦我們採取行動，就不再感到不足或無力，因為我們確信自己正走在愛的道路上，步伐堅定。我們學著溝通，安靜傾聽自己內心的需求，同時學會聽別人傾訴。當我們願意聆聽至親好友的苦痛和喜悅，就學會了同情。通往愛的道路不算太艱辛，也不隱蔽，但我們必須先決定要跨出第一步。如果我們不知道怎麼走，身邊一定有某個心態開明、充滿愛的人能夠指引我們走向通往愛的道路，這條路會帶著我們回到愛裡面。

10 ROMANCE: SWEET LOVE

戀愛：甜美的愛

甜美的愛說：
你想從我這裡得到什麼，
要我在什麼時候、什麼地方、怎麼給你？

我是你的，我為你而生：
你想從我這裡得到什麼？

—聖女大德蘭（Saint Teresa of Avila）

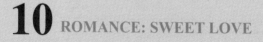

為了重新回到愛裡面、為了獲得我們一直想要卻不曾有過的愛、為了擁有我們想要但還沒準備好要付出的愛，我們追求浪漫的愛情。因為我們相信這種關係比其他關係更能夠給我們救贖與新生。真愛的確有救贖的力量，但前提是我們已經準備好得到救贖。只有當我們想獲得拯救時，愛才能夠救我們。非常多尋求愛的男人或女人，從小聽到大人說自己不配得到愛，沒人會愛他們真正的模樣，於是他們建構虛假的自我。他們成年以後認識的對象，愛上了他們虛假的自我。但這份愛持續不了太久。雙方交往到某個階段，對方偶爾看到他們真實的自我，就會覺得失望。於是他們被自己選擇的愛人排斥，印證了童年時期接收到的訊息：沒人愛他們真實的面貌。

很少有人能進入接受到愛的浪漫關係。我們掉進戀愛漩渦時，注定要重演熟悉的家庭鬧劇。但我們往往沒料到會發生這種情況，主要是因為這個社會總是說，不論我們小時候經歷過什麼事，有什麼樣的痛苦、悲傷、疏離、空虛，或者遭到多不堪的對待，每個人都會擁有愛情。我們相信自己會遇到夢寐以求的女孩或白馬王子；他或她必定出現，一如我們的預期。儘管我們希望戀人出現，大多數人卻不太明白自己想跟對方擁有什麼樣的關係，想創造出什麼樣的愛，又該如何創造這種愛。我們尚未學會完全敞開心胸。

小說家托妮・莫里森（Toni Morrison）在她的第一本作品《最藍的眼睛》（*The Bluest Eye*）中指出，浪漫愛情的想法是「人類思想史上最具破壞力的想法之一」。它的破壞力來自於：當我們愛上某人時，並非基於自己的意志，也沒有能力做抉擇。太多的浪漫傳說讓這種錯覺長久流傳下來，妨礙了我們學習如何去愛。我們用浪漫取代愛，繼續痴人說夢。

當愛情被描述成一項計畫，或者像大眾媒體（尤其是電影）要我們相信的那樣，女人就成為建築師和設計師。大家都喜歡把女人想成「追求浪漫、對愛多愁善感」，而男人只要追隨女人的腳步。即使在非異性的關係中，也經常見到這種帶領者和追隨者的例子，其中一人扮演較為陰柔的角色，另一人則接下陽剛的角色。無疑某人必須帶頭，呼一下變出我們「墜入愛河」（fall in love）的想法：我們選擇伴侶時並未真正做出決定，因為兩人之間有某種吸引的火花，一觸即發，就那樣發生了。我們無從招架，它掌控了一切。用這種方式思考愛，似乎對深受父權文化影響的男人特別管用，他們認定有男子氣概的男人不必了解自己的感受。多瑪斯．牟敦在〈愛與需求〉一文中強調：「『墜入愛河』的說法反映出對愛和生命本身的奇特態度，混雜了恐懼、敬畏、著迷和困惑。這意味著當我們遇到無可避免卻又不太可靠的事物時，心中會有猜忌、懷疑和猶豫。」若你不知道自己有何感受，就很難選擇你想要的愛，倒不如一頭栽進愛情，這樣你就不必為自己的行為負責。

即使很多位精神分析學家——從一九五〇年代的佛洛姆到現今的派克——著書批判墜入愛河這個想法，但一般人依然深陷「愛不必費心經營」的幻想。我們還是相信自己為了對方神魂顛倒，愛到無法自拔，因此無法出於意願地做選擇。佛洛姆在《愛的藝術》中反覆提到愛是行動，「本質上是展現意願的行為」。他寫道：「去愛某個人不只是一股強烈的感受，而是一項決定、一種判斷、一個承諾。假如愛只是感覺，就沒有許諾終生相愛的基礎，畢竟感覺來了以後可能會消失。」派克根據佛洛姆提出的定義進一步延伸，他筆下的愛是「有意願滋養自身或他人的靈性成長」，更表示：「去愛的欲望本身不是愛。愛要付諸行動，愛是展現意願的行為，亦即有意圖和行動。出於意願也表示有選擇。我們不是必須要愛，而是選擇去愛。」儘管他們提出了聰穎的見解和明智的建議，大多數人仍不願意敞開心扉接受「比起墜入愛河，選擇去愛更為真切確實」的想法。

心理師哈里特．勒納在《愛的救生圈》（*Life Preservers*）一書中表示，大多數人希望伴侶「成熟且有智慧、忠誠且可靠、溫柔且細心、靈敏且坦誠、和善且有教養、有能力且負責任」。無論這份渴望是強或弱，她總結道：「很多人在挑選家用電器或汽車時有客觀的眼光，知道自己要什麼，卻無法用同樣的標準選擇未來的伴侶。」我們應該要退後一步，以批判眼光檢視自身、個人需求、欲望和想要的事物，才能夠以批判眼光評估伴侶。」在過去，我覺得拿出一張紙寫下對自己的評估，確定我有能力給出「自己想要接受」的愛很難，而更困難的是在清單上列出伴侶的人格特質。我寫下十點，接著將這些特質套用在伴侶身上，最後痛苦地發現我想要的伴侶和我決定接受的那個人之間有落差。我們擔心評估自己的需求，再據此選擇伴侶會發現：我們找不到一個人來愛。大多數人寧可找一個不夠好的伴，也不願沒有伴。顯然我們對於尋覓伴侶比較有興趣，而沒那麼想了解愛。

每當我告訴人們，談戀愛時要有主動而明確的意圖，對方的反應往往是擔心這麼做會讓戀情告吹。根本不是這樣。在關心、了解、尊重的基礎上談戀愛，實際上有助於鞏固戀情。當我們花時間和可能成為伴侶的戀人溝通，就不會在雙方互動時，因缺乏討論或未能表達意圖或欲望，而產生恐懼或焦慮。我有次跟某個女性朋友聊天，她說自己總是害怕親密接觸，即使她了解對方，也渴望碰觸對方。她之所以害怕，是因為從小被灌輸「身體是羞恥的」觀念。以往跟不同男人的親密接觸只加深了這份羞恥，對方通常沒把她的焦慮當一回事。我建議她，下次跟新交往的男人共進午餐時，跟他聊聊性歡愉、雙方喜歡或不喜歡的事、內心的希望和恐懼。她後來跟我說，那頓午餐非常挑動情慾，為雙方日後輕鬆自在的性關係奠下基礎。

性吸引力是戀情的催化劑，但不代表有愛。兩個人即使互不相識，也能享受愉快刺激的性，但社會上大多數男人依舊相信，性渴望的對象就是他們應該去愛的人。他們的性慾被勾起，往往與沒有共同興趣或價值觀的人發生關係。在父權社會中，男人在性的「表現」上承受極大壓力，以至於他們會跟能帶來性歡愉的對象在一起，而忽略了其他一切。他們只好拼命工作來掩蓋這個錯誤，或是在婚姻或伴侶關係之外找其他玩伴。通常男人要花上很長的時間，才體悟到自己覺得無愛，而且為了保護男性尊嚴，還得用其他話來掩飾，畢竟男人從不承認失敗。

女人選擇男人時，極少只考慮性事和諧。儘管大多數女人承認性事很重要，但也知道維繫良好的關係不能只靠性歡愉。讓我們面對現實吧，男性至上的文化認定女人是照顧者，能夠接受女人表達情感需求。所以女人被社會灌輸要多關心情感連結。女人長期以來只能說出對愛的渴望，自從女權運動興起加上性解放，總算可以說出對性的渴望。這並不表示女人找到憧憬的愛情。我們和男人一樣，經常勉強忍耐無愛的關係，因為我們被伴侶其他方面所吸引。若兩人的關係不穩定，雙方都熱中性愛有助於維繫感情，但性不是愛的試驗場。

這是人生極大的悲哀。女人（以及某些男人）和伴侶有非常棒的性愛，卻得忍受其他方面的傷害。最美妙的魚水之歡無法催化出尊重、關懷、信任、了解與承諾。極少或沒有性的伴侶卻可能明白何謂一生一世的愛。性歡愉能為愛增溫，但在沒有性的情況下，愛仍可能存在，並且帶來滿足。最終，大多數人在必要情況下，會選擇深刻的愛，而非持續的激情。幸運的是，我們不必做出這樣的選擇，因為我們通常可以和所愛的人享受性愛的歡悅。

最棒的性愛和最令人滿足的性愛是兩回事。我和幾名愛情恐怖分子有過很棒的性愛。這種男人深深吸引你，他們知道女人想要什麼，先投其所好，一旦贏得對方的信任，就逐漸或突然收回一切。而我在溫柔的伴侶身上有過最滿足的性愛，即使他的技巧生疏或性知識不足。由於男性至上的社會洗禮，女人多半用合宜的觀點來看待性滿足，亦即承認性的價值，但不將性視為衡量親密關係的絕對標準。開明的女人跟男人一樣想要享受滿足的性，但最終仍只想在有愛的親密關係中獲得性滿足。假如男人在社會化過程中被灌輸要像渴求性一樣渴望愛，我們便會見識到一場文化上的革命。照目前情況看來，大多數男人只在意性方面的表現和性的滿足，不太關心是否有能力付出愛和接受愛。

即使性很重要，大多數人未必能夠清楚說出對性的需求和渴望，正如我們無法說出對愛的渴望。諷刺的是，越來越多伴侶因為怕染上致命的性病，開始討論性行為。同一批人（很多是男人）先前總說「談太多」破壞浪漫的感覺，現在發現談這些事完全不會破壞愉悅的感受，只是改變它的性質而已。過去以為「什麼都不懂」會產生刺激和性快感，現在知道「懂更多」才會。很多原本擔心失去浪漫和性快感的人徹底改變思維之後，訝異地發現過去認為談太多破壞浪漫，是錯誤的想法。

整個文化接受這種改變，顯示出大家都有能力調整模式，亦即捨棄早已習以為常的想法和做法。大家都有能力改變自身對「墜入愛河」的態度，承認對初認識的人感到一見如故，只是一種難以解釋的投契，未必是因為愛。不論它是否代表情投意合，我們同時承認它帶領我們去愛。如果我們不再說「我想我戀愛了」，而是說「我和某人之間有一種投契，讓我覺得自己正在逐漸了解愛」；或者不說「我戀愛了」，而是說「我心中有愛」或「我打算去愛」，情況會有多大的不同。我們若不改變語言，就不可能改變浪漫愛情的模式。

我們都對談論浪漫愛情的傳統表達方式感到不舒服。大家都覺得這些措辭及其背後的思維，得為我們失敗的戀情負一部分責任。回首過往，我們發現自己談論這些感情的方式，在很大程度上為這段戀情的問題埋下了伏筆。當我察覺到自己的內心和戀情都面臨情感匱乏，我就用另一種方式去談論和思考愛。首先，我分別給「愛」、「感受」、「意圖」和「意願」下清楚的定義，不再糊裡糊塗跟人交往，在每一段感情中重複同樣的模式。

雖然我在追求愛與被愛的過程中多次感到失望，我仍舊確信愛有轉變的力量。我並未因失望而關上心門。但我跟周遭的人談過後，發現大家普遍感到失望，且許多人因為失望而對愛產生嚴重懷疑。很多人認為大家把愛看得太嚴重。我們的文化可能將愛視為幻想或神話般令人心醉，卻不太重視愛的藝術。我們主要是對浪漫愛情感到失望。在我們沒有學會愛的藝術之前，浪漫愛情只會以失敗收場。就這麼簡單。我們經常誤以為十足濃烈的激情是完美的愛。當我們發現某人看似完全符合我們對伴侶的要求時，濃烈的激情就會出現。我用「看似」（appear）一詞是因為雙方如果非常契合，我們很容易看不清事實，只看到想看的事物。湯瑪斯·莫爾在《靈魂伴侶》（*Soul Mates*）一書中主張，浪漫錯覺的吸引力是有正面意義的，「飄忽短暫的幻想餵養了靈魂」。儘管濃烈的激情帶給我們特別的樂趣和危險，但對於想追求完美的愛的人來說，它只是這個過程中的初步階段而已。

只有等到錯覺消失，我們才能從濃烈激情邁向完美的愛，且才能利用令人難以招架的強烈情慾所產生的能量，進一步發現自我。當我們從迷戀的狀態中醒來，發現自己失去理智時，濃烈的激情通常就結束了。若這份激情讓我們有勇氣面對現實、去接納真實的自我，它就變成完美的愛。了解到在感情的初始階段，濃烈激情和完美的愛之間有含意深長的關聯，可讓我們得到重要的啟發，進而獲得力量去選擇愛。當我們本著明確的意圖與意願去付出愛，展現關懷、尊重、了解與責任，我們的愛就帶來滿足。有些人認為愛裡面沒有滿足、真愛並不存在，因此抱著這些想法不放，因為他們難以面對現實：愛的確是人生的一部分，卻不存在於他們的人生，所以寧可面對絕望。

過去兩年間，我經常談論愛，主題是「真愛」。我開口說出內心的渴望：「我正在尋找真愛。」對朋友說，也對演講的聽眾、公車或飛機上坐在旁邊的乘客或餐廳裡的人說。幾乎每一個聽到我這麼說的人都嗤之以鼻，說真愛只是迷思，我不可能找得到。而少數仍深信有真愛的人則堅定表示「你無法找到它」，如果你命中注定有真愛，「它自然會發生」。我不只全心相信世上有真愛，也認為愛的出現是個謎，它的發生無須我們拿出決心或努力。如果是這樣的話，不管我們是否積極尋覓愛，它都會出現。但是，追尋愛並不會讓我們失去愛。事實上，若你曾在愛中受傷、失望或感到幻滅，一定要打開心扉，愛才會進來。打開心扉也是一種尋求愛的方式。

我嘗過真愛的滋味，那次經驗益發加強我尋找愛的渴望。我的真愛最初出現在夢裡。有次我受邀參加一場電影研討會，心裡很不想去。我向來討厭一下子接觸太多新點子，覺得反應不過來。但我做了個夢，夢中有人對我說如果我參加會議，就會遇見理想的伴侶。夢中的形象是那麼鮮明真實，我醒來時覺得非去不可。我打電話給一名女性朋友，跟她說了這件事。她答應跟我一起去研討會，當我的證人。數星期後，我們在研討會進行到一半時抵達會場，講者都在台上。我指出那個曾在夢裡出現的男人。會後，我和他碰面，談了些話。認識他就像是見到失散已久的親人或朋友。我們一道吃晚餐。從一開始，我們就好像認出了對方，彷彿早已認識。我們談了一陣子話，他說他目前有固定交往的對象。我既困惑又不安，既然那些夢不可能充分實現，宇宙間的神力何以要帶領我認識理想中的男子。當然，那些夢全都是關於浪漫愛的。那是真愛這門艱難課程的開始。

這次經驗讓我明白，我們可能和真愛有過邂逅，人生因為這樣的相遇而有所改變，即使不一定會跟對方上床、建立長期關係，甚至未必保持聯繫。有關真愛的迷思只是童年的幻想：兩個人猶如童話故事般相遇、交往，從此過著幸福快樂的生活。然而，許多男人和女人成年以後依然抱著這種幻想，而無法面對現實：你可能跟某人有段時間打得火熱，覺得人生就此不同，但無法長久交往，抑或你可能跟某人正式交往。真愛未必讓你從此過著幸福快樂的生活，就算真是如此，你仍須花心力維繫這份愛。

每一段關係都有高峰和低谷。浪漫幻想常讓我們以為遇到難關或挫折表示沒有愛，卻不明白這些都是過程的一部分。事實上，多虧有難關，真愛才變得更強大。這種愛的基礎是假設人都想要成長、壯大，成為更完足的自己。任何改變都伴隨著考驗和失落感。我們體驗到真愛時，可能會覺得遇到了危險，倍感威脅。

有些愛是基於基本關懷、善意或通俗平凡的吸引力，但真愛不一樣。我們經常被某些人吸引（喜歡他們的風格、思考的方式、風采舉止等），而且知道只要有機會，一下子就會愛上對方。約翰．威爾伍德在頗具見地的《愛與覺醒》一書中，明確劃分了受到吸引（大家都有過這種經驗）和真愛的不同，他稱前者是「心的契合」，後者是「靈魂的契合」。他對兩者的定義如下：「靈魂的契合是兩人之間有共鳴，既看見對方外表底下的本性，也回應了對方性格上的美好，在更深的層次上契合。這種相互認可讓感情猶如煉金一般產生神祕變化。這是一種神聖的結盟，目的是幫助伴侶發現自身最深層的潛力，並且加以實現。儘管心的契合讓我們欣賞所愛的人的真實模樣，靈魂的契合開啟了更深的層面，讓我們看見並愛上他們可能變成的模樣，同時愛上在對方潛移默化之下改變的自己。」跟某人建立心的契合是相對容易的過程。

我們一生當中會遇到很多特別投緣的人，靠這份默契走上愛的道路。但投緣不同於靈魂的契合。跟某人在靈魂上達成契合大多不是我們的意志所能左右。的確，我們有時不知道為什麼深受某人吸引，即使並不覺得渴望接觸。好幾對沉浸在真愛裡的伴侶告訴我，兩人初次見面時，有一方覺得對方毫無吸引力，但還是覺得跟這人有種神祕的連結。毫無例外，每一個認為自己明瞭真愛的人都說，建立感情並不容易也不簡單。許多人對這種說詞感到不解，因為大家都將真愛幻想成從天而降，簡單又容易。

我們通常認為真愛極為愉快、浪漫，充滿愛與光明。事實上，真愛需要經營。詩人里爾克提出明智的評語：「人們對許多事都有誤解，包括誤會了愛在人生中的地位，把它變成遊戲和娛樂，因為他們認為遊戲和娛樂比工作更加幸福，但世上沒有比工作更快樂的事，而愛，正因為它是極大的快樂，只能是工作，沒有別的可能……。」真愛的本質是相互認可——兩個人都看到對方真實的模樣。大家都知道通常我們會找機會認識心中喜歡的人，呈現出自己最好的一面，有時甚至在對方面前裝出更有魅力的「假我」。一旦我們完全露出本性，覺得很難繼續保持良好行為，或者面具被揭穿，對方就會失望。以假面目示人的事實一經察覺，人們會覺得受傷、心碎，覺得眼前的愛人很陌生。他們只看自己想看的一切，而不是真實存在的東西。

真愛並非如此。當彼此之間有真愛時，雙方通常覺得碰觸到對方的本質。這種關係剛展開時令人害怕，因為我們覺得無處可藏匿，對方懂得我們。這份愛滋養我們，並且要求我們成長、轉變，我們心中便湧現出狂喜。艾瑞克・巴特沃斯對真愛的描述是：「我們透過某種獨特的洞察力，看見這個人的完整面貌，同時接受他目前只展現某種程度的自我，明白他的潛力尚未完全發揮。真愛是毫無保留接受一個人現在的面貌，但有真誠堅定的決心幫助他達到開展自我的目標，在這方面，我們可能比他看得更清楚。」我們往往認為愛代表要接受另外一個人的真實面貌。大家都有過痛苦的經驗，深知我們無法改變別人，把他們塑造成我們心目中的理想愛人。然而，當我們全心付出真愛，就是承諾「被改變」，讓深愛的人對我們採取行動，幫助我們盡可能充分實現自我。做出改變的承諾是一種選擇，得經過雙方同意才會產生。我在多次談話中發現，許多人談及對真愛的看法，最常提到一點是它「不帶任何條件」。真愛是無條件的，但若要讓愛茁壯，必須持續努力，做出有建設性的改變。

真愛的動力來自於一個人願意反思自己的作為，並與所愛的人釐清和溝通這種反思。如同威爾伍德所說：「靈魂契合的兩人會想要進行全面、自由自在的對話，盡可能與對方深刻交流。」有深刻見解的對話必須先保持誠實坦白。大多數人在成長過程中，從未見過家中的大人充滿愛地深入交談，也沒在電視上或電影中見過。而且，既然男生從小被灌輸「男人不應該表達情緒」的觀念，誰有辦法跟他們溝通？想要愛、卻不知道如何發聲的男人必須試著讓自己的心說話，然後說出真話。選擇要完全誠實、表露自身，是有風險的。體驗到真愛，給我們冒險的勇氣。

只要我們害怕冒險，就不可能了解愛。因此有句耳熟能詳的話是：「愛是放下恐懼。」我們一生當中跟許多人有過心的契合，但大多數人一直到死都不曾體驗過真愛。這算不上悲慘，畢竟大部分人在真愛靠近時，就朝另一邊跑。因為真愛揭示了自己想要否認或隱藏的那一面，使我們清楚看見自己而不感到愧疚，才會有那麼多人嘴上說想了解愛，卻在真愛招手時轉身逃跑。

無論我們多常逃跑，不敢打開理智和心靈直視愛，抑或始終不肯相信愛的魔力，真愛都存在。每個人都想要真愛，即使嘴巴上說放棄希望的人也一樣。但並非每個人都做好準備。唯有等我們的心準備好，真愛才會出現。幾年前，我生病了，懷疑自己得癌症，醫生表示若檢驗結果是陽性，就沒剩下多少時間了。聽到他這麼說，我躺在那裡想著：我不可能會死，因為我還沒準備好，還不了解真愛。那一刻，我決定要努力敞開心房，我準備好接受這樣的愛。於是它降臨了。

這段感情並未修成正果，而我很難面對這個結局。我們文化中的所有浪漫傳說都告訴我們，當我們與伴侶發現真愛時，愛就會持續下去。然而，唯有雙方都一直努力保持心中的愛，這段感情才會延續。並不是每個人都承受得了真愛的重量。受傷的心遇見愛就逃跑，因為這顆心不想做維繫和滋養愛所必需的療癒工作。尤其很多男人往往逃離真愛，選擇在他們想要時可以在情感上有所保留但仍能從某人那裡得到愛的關係。最終，他們選擇了權力而非愛情。想要了解和維繫真愛，我們得先放棄掌握權力的意願。

一個人認識真愛以後，愛便產生了轉變的力量，就算我們在經歷過相互關懷和成長後分手，這股力量依然存在。多瑪斯．牟敦寫道：「我們透過愛發現真實的自己。」我們當中很多人還沒準備好坦然接納真實的自己，尤其是當誠信生活使我們跟熟悉的世界漸行漸遠時。通常，當我們在自我復原的過程中，有段時間可能覺得更加孤單。瑪雅．安吉羅（Maya Angelou）在書中表示寧可選擇孤獨，也不要和無法滋養靈性的伴侶在一起。害怕面對真愛可能導致某些人處於匱乏與不滿足的境況，在那裡他們並不孤單，而且不必冒險。

愛得完整而深刻讓我們陷入危險。當我們去愛，可能會完全被改變。牟敦主張：「我們的想法和行為會影響親人和朋友，但愛的影響力更大，足以完全改變人生。愛是一場個人革命。你必須拿出想法、欲望和行為去愛，將三者鎔鑄成為一種經驗，成為活生生的現實，那是新的你。」我們經常逃離「新的你」。李察．巴哈（Richard Bach）在自傳體愛情小說《假像》（*Illusions*）描述他逃離愛又回歸愛的過程。要回到愛，他必須願意犧牲、臣服，並且放下「自己並無長期情感需求」

的幻想，承認他需要愛人與被愛。我們獻出舊我，讓自己被愛改變，臣服於新我的力量。

在浪漫關係中出現的愛提供我們一個獨特的機會，讓我們在熱情歡快的氛圍中得到轉變。我們並非「墜入愛河」，但我們體認到就在那一刻，愛試圖召喚我們回歸真實的自我，我們的靈魂和對方的靈魂有了神祕的契合。和另外一個靈魂的強烈契合，讓我們變得勇敢無畏。當我們無畏而主動跟他人建立關係，產生連結，從而決定投入心力去愛，我們就能夠愛得真實而深刻，能夠給予並接受長久的愛；這種愛「比死更強大」。

11 LOSS: LOVING INTO LIFE AND DEATH

失去：生與死的愛

你一定要相信任何友誼都不會結束。這份情誼存在於每一個真正愛過上帝也彼此相愛的聖徒當中，不論在世或離世。你從經驗中知道這份情誼有多真實。你深深愛過的那些人即使死去，仍然活在你的生命裡，不僅僅是記憶，而是真正的存在。

—亨利．諾文（Henri Nouwen）

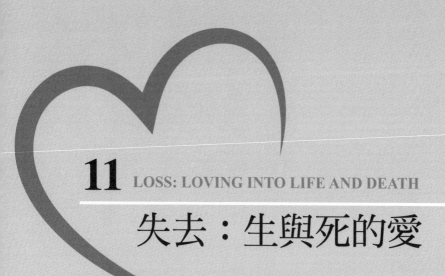

愛讓我們更有活著的感覺。活在無愛的狀態裡會覺得不如死掉算了，我們內心的一切是無聲靜止的。我們無動於衷。精神分析學家用「扼殺靈魂」（soul murder）來形容這種雖生猶死的狀態，恰與《聖經》中「不了解愛的人仍未復活」的宣言不謀而合。宰制的文化招致死亡。因此，我們至今仍醉心於暴力，始終堅持弱肉強食是自然之理，卻不明白這是錯的。我們的文化相當崇拜死亡，以至於阻礙了愛的道路。佛洛姆臨終前問一名摯友，為何我們更喜歡對死亡的愛而不是對生命的愛，為何「人類熱愛生命的天性比不上戀屍癖」。這個問題出自佛洛姆的口中，只是一句反詰，畢竟他用一輩子時間解釋我們的文化未能完全接受「愛讓生命有意義」的現實。

跟愛不同，死亡或遲或早都會出現在我們的人生。我們可能見到其他人死去，也可能見證自身步向死亡。活在無愛的狀態，不是我們會公開抱怨的問題。但我們對終將死去這件事，有著極大的擔憂、恐懼和煩惱。我們每天都會在電視螢幕上看到死亡的景象，呈現出對死亡的崇拜，這可能是我們的文化為了讓大家更容易接受死亡，用這種方式來平息恐懼、戰勝憂慮。多瑪斯．牟敦這麼闡述死亡對當代文化的意義：「精神分析告訴我們，現代世界到處瀰漫著對死亡的盼望。我們發現富裕的社會沉迷於對死亡的熱愛……。這種社會雖然表面上暢談人的價值，但其實任何時候，若必須在活人和死人之間、人和金錢之間、人和權力之間，或人和炸彈之間做選擇，一定是選擇死亡，因為死亡是生命的終點或目標。」我們的文化耗費太多心力去眷戀死亡，這份心力原本可用來鑽研愛的藝術。

崇拜死亡是構成父權思想的要素之一，不分男女都一樣。深具卓見的神學家認為宗教未能發揮效用，以致我們的文化聚焦於死亡。馬修．福克斯（Matthew Fox）在《最初的祝福》（*Original Blessing*）一書中說明：「西方文明偏愛死亡之愛勝於生命之愛，以致西方宗教傳統喜愛救贖勝於創造，喜愛罪惡勝於欣喜，喜愛個人的自省勝於宇宙的意識和理解。」大體上，父權觀點長期形塑宗教教義和實踐。近來，這類教義開始轉向為以創造為本、肯定生命的靈性。福克斯將其稱為「肯定之路」（the via positiva）：「如果沒有這種創造力量的堅實基礎，我們就會變得乏味又殘暴，就像是有戀屍癖的人愛上死亡，以及死亡的權力與封地。」我們若能開始挑戰父權、創造和平、爭取正義、擁抱愛的倫理，就可放下對死亡的崇拜。

諷刺的是，我們運用崇拜死亡的策略來排解內心對死亡的深層恐懼，並未帶來真正的安慰，反而產生更深的焦慮。我們越是常看毫無意義的死亡或隨機發生的暴力和殘忍畫面，在日常生活中就更覺得害怕。我們不敢用愛擁抱陌生人，因為我們怕陌生人，認為他們是死亡的信使，打算取我們的性命。如果瘋狂意味著與現實脫節，那麼這種毫無理性的恐懼就是瘋狂的表現。儘管熟人比陌生人更有可能傷害我們，但我們的恐懼是針對未知與不熟悉的一切。這份恐懼使我們疑神疑鬼，老是擔心不夠安全。在美國，封閉式社區越來越多，便是過分關注安全的例子之一。社區大門有警衛駐守，每一戶還裝設柵欄和精密的內部保全系統。美國人每年有超過三百億美元花在保全上。我去拜訪住在封閉式社區的朋友，借住在他們家時，問他們是否發生過真正的危險，因此需要保全，得到的回答是：「倒也不是。」過分擔心安全，到了接近瘋狂的地步，是出於對威脅的恐懼，而非真正的威脅。

我們每天都目睹這種文化上的瘋狂，數不清的瘋狂事件就發生在生活周遭。舉例來說，一名白人男性聽到門鈴聲，打開門發現是一名年輕的亞洲男子。他迷路了，只是想找到正確地址，但這名白人男性拿槍射殺他，認為自己這麼做是在保護自己的性命和財產安全，即使對方並未露出敵意或有攻擊舉動。這種瘋狂的例子隨處可見。就此事來說，這名白人屋主才是真正的威脅，他被社會徹底洗腦，完全接受白人優越論、資本主義和父權思想，已經無法理性回應了。

白人優越論灌輸他有色人種統統是威脅的概念，不論他的行為如何。資本主義告訴他一定要不計任何代價保護自身財產。父權思想教導他要採取主動攻勢來克服恐懼，證明他的男子氣概；而且，在動手之前先問清楚太沒男子氣概。大眾媒體用打官腔的態度報導這則新聞，帶著詼諧歡快的口吻，彷彿此事不算是悲劇，好像在說為了捍衛財產價值和白人父權的榮耀，有必要犧牲一條年輕的生命。這種報導形同鼓勵觀眾同情這名犯錯的屋主，卻隻字不提一名無辜的年輕男子因而喪命的事實。通篇敘述的用字刻意誘導觀眾認同這個犯錯的人，表示他只是在做符合社會要求的事：「只要感到有一絲威脅，就得不計代價保護自身財產」。崇拜死亡就像是這樣。

我們每天在電視上、日常生活中見到這麼多死亡，卻未得到任何助益，仍未學會用覺察、明晰、平靜的態度面對人終有一死的事實。既然崇拜死亡是源自於恐懼，自然無法幫助我們活得豐沛又健康。牟敦表示：「如果我們不停在想死亡躲在某處，伺機而動，我們並沒有讓死亡變得更真實，而是讓生活變得比較不真實。我們的生活被分裂，變成了愛和恐懼之間的拉鋸戰。然後，死亡在生命中運行，不是作為生命的終結，反而像是對生命的恐懼。」想要活得豐沛，我們得放下對死亡的恐懼，而唯有對生活的愛足以應付這種恐懼。我們國家的人從很久以前就相信，歡欣喜樂很危險，保持樂觀是魯莽的，因此不太懂得快樂過生活，也無法教導孩子和我們自己熱愛生活。

許多人要等到罹患重病，才開始熱愛生活。的確，當我知道自己可能會死，突然就有勇氣面對生活中缺乏愛的事實。當代有許多探討死亡和臨終的作品都強調要學會如何愛。有愛，我們便可能放下對死亡的崇拜，轉而歡度人生。我寫過一封無從投遞的信給昔日的真愛：「我的朋友在她姊姊的追思會上致詞：『死亡讓我們能夠完整地愛她。』當我們知道自己已經付出了全部，而且一直以來和對方之間有著連死亡也不能改變或奪走的相互認可、在彼此的愛中找到歸屬時，我們就能夠釋懷，進而坦然接受親人或摯友離世。我每天都感謝自己曾經和你真心相愛，是你幫助我擁抱死亡，不用擔心不完整或欠缺，也不感到遺憾悔恨。這是你給我的禮物，我珍惜它，它的價值不因任何事而改變，始終珍貴。」是愛辦到了這一切。愛使我們能夠活得豐沛，死得沒有遺憾。那麼死亡就變成活著的一部分，而非生命的終點。

在伊麗莎白·庫伯勒–羅斯死後不久出版的自傳《天使走過人間》中，敘述了她徹底領悟「無須害怕死亡」的道理：「我剛開始研究死亡——後來稱為死亡學——那段時間，有位黑人清潔婦是最棒的老師。我不記得她的名字，但是她對許多末期病人的影響吸引了我的注意。我注意到，每次她離開這些人的病房時，病人的態度明顯起了變化。我想知道她的祕密。我迫切想知道，乾脆尾隨窺探這名婦人，她從未讀完高中，卻知道一個大祕密。」這位有智慧的黑人婦女所洞悉的祕密是：我們必須親近死亡，讓它做人生的嚮導，不怕與它相遇。當這名飽經痛苦折磨、好幾個子女都早死的黑人清潔婦走進瀕死病人的房裡，她看起來很願意坦白討論死亡，完全不害怕。這位無名天使給庫伯勒—羅斯上了人生最寶貴的一課，告訴她：「對我來說，死亡不是陌生人，它是認識已久的熟人。」親近死亡需要有勇氣。當我們展現愛，就在人生中找到勇氣。

人們對於死亡的集體恐懼是一種心病，而愛是唯一的解藥。許多人帶著絕望接近死亡，因為他們知道自己沒有按照一己心意過生活。他們可能沒找到「真我」，或者從未找到心中渴盼的愛。有時候，他們面對死亡時給了自己大半生沒有給出的愛：他們給自己接納、無條件的愛——那是愛自己的核心。瑪麗・德・恩澤（Marie De Hennezel）在《因為，你聽見了我》（*Intimate Death*）一書的前言中提到，親眼見到別人瀕臨死亡，有可能使人更能充分實現自我。她寫道：「在全然孤獨的那一刻，身體在無限的時空中崩垮，不同於現世的時間開始進行，那是無法以正常方式來衡量的。接下來的幾天，一些事情發生了。瀕死之人內心的痛楚絕望終於說出口，掌握了自己的生命，占有一切，揭開真相。他們找到了忠於自我的自由。」臨終前體認到愛的力量是無比欣喜的一刻。如果我們沒有等到生命快結束，而是每一天都感受到這份力量，是多麼幸運的事。

假如我們每天都去愛，便無須等到死亡的巨大威脅出現，才知道要忠於自我。若我們用覺察、清澈的心靈活著，就能夠真正認識到人都會死的事實，因而活得更豐沛，因為我們知道死亡如影隨形。世上沒有人對死亡感到陌生。每個人在子宮內的第一個家也是墳墓，我們在那裡等待生命的到來。我們最初降臨人世便是復活的一刻，是從陰影移到有亮光的世界。當我們看著嬰兒脫離子宮，知道自己正在目睹奇蹟發生。

但我們沒多久就忘了從死到生的過程中，充滿了神奇的和諧，而死亡就變成我們一心想避開的過程。但想要逃避死亡變得日益困難。雖然我們的平均壽命變長，死亡卻離我們更近，因為有太多足以致命的疾病奪走至親、朋友、熟人的性命，其中有些人還很年輕。死亡本身強大的存在無法穿透大多數人拒絕承認死亡就在身邊的心態，而人們依然拒絕讓死亡意識引領他們過生活。

我還是小女孩時，母親會用輕鬆口吻談到死的可能。多半是在我們想拖延，打算明天再做某件事時，她便提醒我們「人生是不一定的」（life is not promised）。她用這種方式督促我們活得充實——努力生活，讓自己了無遺憾。我訝異地發現很多人不願談論死亡，認為提到死是消極或病態。死亡就在你我左右，若將它視為負面話題，就會忽略死亡能夠提升活著的每一刻。

幸運的是，負責醫治或安慰臨終病人的工作人員，向我們展示了如何面對死亡的現實，讓死亡不再是禁忌話題。正如我們經常無法說出我們對愛和被愛的需要，擔心這麼說會被解讀成示弱或無能，所以我們也幾乎無法說出對死亡和即將死去的看法。難怪大家無法面對悲痛的意義。正如將死之人通常被送去別處，這樣垂死過程只會被少數人看到，悲痛的人也被鼓勵私下宣洩，自己找個遠離眾人的合適地方飲泣。我們的文化習慣快速解決痛苦，因此持續的悲痛特別讓人不安。有時我光憑直覺就知道身旁有人內心悲痛，只是他們會壓抑精神上的苦痛，不肯流露出來。我們被教導放不下悲痛很丟臉，猶如衣物上的汙漬，持續悲痛代表人格上的瑕疵或不完美。不肯放下悲痛，一心想表達哀傷，就是跟現代世界格格不入。在這個時代，時髦的人不會耽溺於哀慟。

愛無須羞恥。展現愛就是誠實面對悲痛，被悲傷打動，即使是無止盡的悲傷。我們是否了解愛，影響到表達悲痛的方式。因為展現愛讓我們釋放大部分恐懼，這也引導我們表達悲痛。當我們失去至親好友，可以正大光明地悲痛。既然全心承諾是愛的重要面向，付出愛的人知道自己必須維繫這段感情，之死靡它。讓自己哀悼，為失去至親或知交悲痛，是在表達全心承諾，是一種溝通、交流的形式。了解到這一點並有勇氣表示悲痛以傳達深摯情感，並不會讓失去至親的過程變得容易，因為我們的文化不承認悲痛是情緒的煉金石。我們的文化不相信人應該表達強烈悲痛，主要是害怕釋放這樣的激情會壓垮我們，使人奄奄一息。不過，這種恐懼通常沒什麼道理。悲痛在最深層的含意上，是一顆心在燃燒，帶給我們安慰和宣洩的能量。若我們不肯充分表達悲痛，它就像一個秤鉈沉甸甸壓在心上，造成情感上的痛苦，身體也會生病。若人們未能與失去至親的現實和解，悲痛多半會持續很久。

愛邀請我們為死者悲痛，當作哀悼與頌揚的儀式。我們誠心哀悼時，也是在分享有關死者的一切，像是他們是什麼樣的人、有什麼樣的人生。我們細數他們的事蹟，以彰顯其生命價值。當我們用悲痛之情來增強對死者、垂死之人，以及生者的愛時，我們不需要抑制悲痛。

庫斯勒—羅絲在她輝煌生涯的最後幾年，深信世間沒有死亡，只是身體離開了，成為另一種面貌。如同有人相信來世、復活、輪迴轉世，死亡對她而言不再是終點，而是新的起始。不過，這些觀點儘管頗具啟迪，仍無法改變我們透過死亡交出今生肉軀的事實。唯有透過愛的力量，我們才能在一個人死後仍與他相依。這說明了何以懂得相愛的道理，也就懂得如何死去。詩人伊麗莎白・芭萊特・勃朗寧在十四行詩中宣示：「死後我只會更加愛你。」她彰顯了記憶以及與過世親人情感交流的重要性。

若我們不再想起死去的人，就會墮入「肉身完結等於靈魂死亡」這種想法的陷阱。《聖經》經文中神靈的聲音說：「我在你面前放下生命與死亡，所以選擇生命吧。」擁抱肉身死後仍存在的靈（spirit），也是選擇生命的一種方式。人們透過追思儀式和典禮召喚死者的靈，也透過日常儀式與死去親友的靈保持來往。有時我們遵循死者的智慧來採取行動，或者養成他們在世時的某種習慣。我們抱著悲痛好好活下去，也是向死者致敬、緬懷他們的方式。

在我們的文化中，很少有人尋求了解完美的愛，悲痛往往蒙上了懊悔的色彩。我們後悔有些話沒說出口、有些事沒有和解。每隔一段時間，當我發現自己忘了要歡欣過生活，或者沒留意到全心接納死亡可加強自己和這個世界的互動，我會花時間想想自己最近跟某人道別前，是否沒說出心裡話或者說話太嚴厲。我每天都努力把今天當成最後一次見面。這個練習可讓我們用不同的方式說話與互動，過清醒有自覺的生活。

如同法國女歌手艾迪特・琵雅芙（Edith Piaf）所唱的（編按：歌名為「我無怨無悔」，*Non, je ne regrette rien*），想要過「了無遺憾」的生活，唯有開始覺察到「正命」及正確行動的價值。明白死亡就在身旁提醒我們：如果覺得自己對某件事有股使命感，現在就去做，否則不知要等到何年何月。佛教高僧一行禪師（Thich Nhat Hanh）在《與生命相約》（*Our Appointment with Life*）一書教導大家，完全活在當下便能找到真實的自我：「回到當下是與生命連結。你只能在眼下這一刻找到生命，因為『過去不再存在』，而『未來尚未出現』……。我們跟生命的約會是在此時此刻，約會地點是在此處，我們所在的地方。」我們身處的文化總是鼓勵大家計畫未來，所以培養「活在當下」的能力並不容易。

當我們充分活在當下，承認死亡如影隨形，而非只有在我們呼出最後一口氣時才出現，我們就不會因為無法控制的事物（失業、想和某人來往卻遭到拒絕、多年朋友或伴侶離世）而氣急敗壞。一行禪師提醒大家：「我們追尋的一切都只在當下」，「放棄這一刻，而去尋找未來才出現的事物，是丟棄實質，抱住陰影不放」。活在當下並非表示我們不訂定計畫，而是學著只花一小部分力氣訂定未來的計畫。計畫一旦擬訂完成，我們就放下對它的執念。有時候，寫下對未來計畫後，把它放在一邊是有幫助的。

用愛接受死亡，表示我們能接受猝然發生的現實或超乎我們控制的經驗。愛賦予我們力量去臣服。我們無須焦躁不已，老是擔心自己無法達成目標或完成計畫。死亡就在身邊提醒每一個人，計畫只是一時的。我們學會去愛，就學會接受改變。若無改變，我們便無法成長。我們站在生命和死亡面前，準備好要選擇生命，就表示我們願意在靈性和真理中成長。

12 HEALING: REDEMPTIVE LOVE

治癒：救贖的愛

我們被帶領進入內心的酒窖，以「祂」的名義封緘，為了愛而受苦。這份愛的熾烈遠遠超過我們可能承受的苦難，因為受苦有時盡，而真愛永留存。

—亨利．諾文（Henri Nouwen）

愛有治癒的力量。當我們受傷的時候，很難想像愛真的有改變一切的力量。無論過去發生過什麼事，只要我們開啟心門去愛，就能繼續生活，宛如新生；並非忘記過去，而是以新的眼光看待過往，讓它用新的方式住在我們心裡。我們帶著新的見解向前邁進，過去不再傷害我們。又或者我們過去曾經被愛，就會知道即使偶爾感到痛苦，一定還能重返記憶中的平靜和幸福。以正念方式回想過去，讓我們能重新拼湊起碎裂的心。治癒就是這樣開始的。

無端施加在我們身上、不該發生的苦痛讓我們受創，卻未必留下一輩子的傷痕。儘管它的確留下了記號，但是要讓受苦的記號變成什麼樣子是由我們決定。詹姆斯・鮑德溫（James Baldwin）在《下一次生火》（*The Fire Next Time*）提到療癒過程中的受苦：「我不是要美化受苦，但無法受苦的人就不可能成長，永遠無法發現真我。」成長的本質是學會為人生中的一切負起責任的過程。選擇成長就是擁抱有治癒力量的愛。

內心的療癒力量一直都在，因為我們有能力不斷更新自身的靈性，使靈魂甦醒。我有幸遇見一些人，他們不覺得自己的童年被刻下痛苦、苦難或無愛的記號。他們提醒了我，我們不需要經歷可怕的一切也能夠深刻感受，我們不需要承受別人施加的暴力或虐待，無謂受苦。人有時難免遇到苦難、突然生病或親人離世的情況。這種痛苦不由我們選擇，說來就來，而且沒人逃得過。生命中的痛苦並不代表功能失調，並非所有家庭都是功能失調。儘管要達成集體的自我復原，我們一直在揭露功能失調的情況，也有必要持續揭露這種情況，但是為健全的家庭歡呼也同樣重要。

除非我們能夠想像有朝一日世上沒有功能失調的家庭，家是充滿愛的地方，否則家注定只是造成傷害的所在。在功能健全的家庭裡，家人也會面臨衝突、矛盾，有時感到不快樂或受苦，就像功能失調家庭一樣；但不同之處在於，功能健全的家庭會面對問題、解決問題，家人因應危機的方式也不一樣。健全的家庭不會用強迫、羞辱或暴力手法來調解衝突。當我們集體努力讓整個文化邁向有愛的方向，便可能在大眾媒體上看到更多有愛的家庭。各行各業都可以見到健全的家庭。正如我們現在聽到暴力虐待都很激動，希望到時候這些充滿愛的故事也能使我們內心澎湃。這樣一來，功能健全的家庭流露出來的幸福，將變成我們集體意識的一部分。

約翰．布雷蕭在《家庭會傷人：自我重生的契機》（*The Family: A Revolutionary Way of Self-Discovery*）一書中提出以下定義：「在功能健全的家庭中，每一個家庭成員都充分發揮功能，而不同成員之間的關係也都充分發揮功能。每個家人都懂得運用自身的人力，善用各種不同的力量進行合作，發揮個體性，以滿足集體與各自的需求。功能健全的家庭是一塊健康的土壤，讓每一個人成為成熟的人。」一個家庭若能發揮功能，可培養出自尊，並在自主與依賴之間達成平衡。

早在「發揮功能」和「功能失調」的詞彙被用來界定不同類型的家庭之前，童年受創的我們就知道其間的不同，因為我們感到痛苦。即使離開家，痛苦也未曾稍減。除了痛苦，各種自我毀滅或不愛自己的行為讓我們困在童年的創傷中。我們無法找到安慰或解脫，也無法進行療癒，因為我們不確定是否能修補內心，把碎成片片的心重新拼湊完整。我們透過發洩或做出不當行為讓自己好過一些，但一般來說安慰的效果很短，很快就會感到沮喪和難以承受的悲傷。我們渴望被拯救，因為不知道如何救自己。我們常常沉迷於危險的生活，而對這種生活上癮之後，不可能維持靈魂的健康。如同戒除其他癮頭，我們只能透過放手和選擇過健康安適的生活，方能獲救並且復原。

許多年來，我在很多方面都有過不當的行為。在我踏上愛的道路後，便發現自己迅速改正過去不當的行為，令我驚嘆。我從小上的教堂告訴大家，沒有人可以讓一個人得救，只能靠自己做出選擇：我們必須想要得救。托妮·凱德·班巴拉（Toni Cade Bambara）的小說《吃鹽的人》（*The Salt Eaters*）敘述幾名有智慧的年長婦人懂得醫治創傷，被徵召來幫助試圖自殺的年輕女子。她們對女子說：「親愛的，你得確定自己想獲得醫治，因為『完整』並不是小事，你健康的時候要背負很多重量。」最初做出被拯救的選擇，並不意味著我們不需要支持和協助來解決問題和難關，僅表示這個選擇必須由個人提出來，亦即我們必須為自身的幸福負責，坦承自身是破碎而受傷的，願意得到醫治。我們要打開心房，才能夠讓其他關心的人給我們醫治。

雖然我們都想了解愛，但我們總是說真愛是孤獨的追尋。新時代運動的書籍文章極力強調自我的觀念，我們的文化也是如此，這使我非常不安。每當我提到想找個內心有愛的伴侶，大家就不斷對我說其實我不需要任何人。他們會說我不需要伴侶或一群至親好友，才能感到完整，我應該在自己內心中獲得完整。儘管我們的確應該由衷感到滿足與充實快樂，不論我們是否和他人有情感上的交流，但是勇敢說出對交流的渴望也很重要。不管一個人有多愛自己，若是生命中缺少愛的互動交流，也就沒那麼滿足了。

世界各地的人們每天都和他人密切接觸。大家一起生活、面對挑戰、分享快樂也分擔憂愁。只有在高壓統治的文化中才會有愁眉深鎖、獨自過活的人，這是因為少數特權階級消耗掉大部分社會資源，而許多人必須撙節度日。今日美國社會瀰漫著不健康的自戀文化氛圍，一部分是因崇拜個人主義所致。

西方國家的人去貧窮國家旅行，無不驚詫於人們在情感上相互交融，雖然沒有充裕的物質生活，卻都有完整的心靈。難怪在這個富裕卻崇尚個人主義的社會中，我們被許多靈性導師吸引，而這些導師皆來自於重視互賴互助的文化，努力追求群體的利益，而非強調獨立與個人利益。

儘管「相互依存」（codependency）這樣的詞彙是來自於自我復原計畫，卻顯示出過度的依存可能不太健康，甚至會導致關係成癮，所以我們應該討論的是健康的「互賴互助」（interdependency）。在以治癒為目的的組織當中，戒酒無名會（Alcoholics Anonymous，AA）最能證明這項原則。數百萬人為了讓自己復原，參加過該組織的聚會，發現在這裡的人們互相肯定對方，因而創造出療癒的環境。這個社群讓個人（有些人是頭一回參加聚會）感受到一種支持、關心、了解與負責的氣氛，那是付諸行動的愛。幾乎沒有人能夠在孤立中被治癒。治癒是情感交流的行為。

我們大多數人可找到與志同道合的靈魂進行治癒交流的空間，也有人在與神性的交流中恢復自我。聖女大德蘭與神性合一時，感受到認可、慰藉與安撫。她寫道：「一個人沒必要特地上天堂才能跟永恆天父說話，或在祂身上找到欣慰；也沒必要大聲喊叫。不論我們多麼輕聲說話，祂都聽得見，猶如在你身邊……。你只需要安靜默處，在你的內心看到祂，不要迴避這麼好的客人，而是要極為謙恭地與祂交談……。」禱告本身是透過交談來治癒的空間。坊間有很多書談到禱告有助於安撫靈魂，足以表示這個時代有靈性危機。所有宗教傳統皆明白表示，透過言語——不管是傳統的禮拜儀式、禱告，抑或唱讚美詩——尋求神性可以獲得安慰。我天天禱告，以表示靈性上的警醒。禱告是增強靈魂力量的練習。尋求神性總是提醒我：人類思想和意志有其侷限。盡力伸展，設法碰觸到無止無盡、沒有疆界的所在是一項鍛鍊，能夠增強我的信念，使我的靈魂更具力量。

禱告讓每個人都有一個私人的懺悔場所。有句名言確有至理：「懺悔對靈魂有益。」懺悔讓我們見證自身的罪過。只有當我們面對現狀，並承認自己在靈性上的健忘時，我們才會承擔責任。丹尼爾・貝里根（Daniel Berrigan）與一行禪師在《木筏並非彼岸》（*The Raft Is Not the Shore*）一書中強調：「（我們）必須摧毀假象的橋梁，才能建造一座真正的橋梁。」我們在和神性交流時，便獲得了承擔責任的空間，重新致力於靈性的轉變，以打開心扉，做好準備去愛。

一旦我們選擇在愛中被治癒，相信轉變將至的信念帶給我們平靜的內心，這對靈魂的革命很重要。因為我們按捺不住性子，覺得等待太難。難怪《聖經》竭力鼓勵追尋者要學會等待，因為等待能使我們重新獲得力量。當我們臣服於「等待」，便是允許改變在我們內心慢慢浮現，而無需期待或費力掙扎。我們這麼做，就是本著信念走出去。以佛家用語來說，這種臣服、放下的練習，能讓我們進入同情的空間，我們可以對自己和他人感到同情。這份同情使我們發現服務的治癒力量。

付諸行動的愛始終與服務有關，這促進了我們的靈性成長。聚焦於個人的反省、沉思，並且展開療癒的對話，對於治癒很重要，但這不是唯一達成復原的方式。為他人服務亦有助於鍛鍊心靈，絲毫不遜於其他治療方法。我們在真正服務他人時，必須清空我執，方可騰出空間來確認他人的需求，並滿足他們。我們越是有同情心，就越能意識到如何將自己擴展到他人，使治癒成為可能。

想要充分了解同情，涉及一個寬恕和承認的過程，使我們能放下長期以來的心理包袱，才有可能治癒。保持同情心讓人得以同理他人的處境，不妄加評斷。評斷他人使得人們益發疏離。當我們在評判時，較難寬恕別人。缺乏寬恕使我們陷入羞恥。我們常因他人一次又一次表現出漠視的態度而意志消沉，深覺遭人羞辱或自取其辱。羞恥會打擊我們，使我們消沉乏力，讓我們遠離治癒所帶來的完整。當我們練習寬恕，就放下了羞恥。羞恥中有一種「我不配」的感覺，這會造成分化，而同情和寬恕能讓人我之間重新連結。

寬恕不只幫助大家克服隔閡，還能增強我們互相肯定的能力。若無有意識的寬恕，便不可能真心和好。修補我們跟自己、跟別人之間的關係，是同情和寬恕送給我們的禮物。這是一個清空所有心靈垃圾的過程，好騰出一個清澈純淨的地方，讓我們視他人如自身。羅賓・葛薩姜在《寬恕是勇敢的抉擇，帶來內心的平靜》一書中說明：「就算是微小的寬恕行為也在個人層次上產生重大影響。就算是微小的寬恕行為也能增強一個人對自己和他人潛力的信任感。小小的寬恕有助於培養充滿希望和樂觀而非悲觀或失敗的人類精神。小小的寬恕有助於了解到自己和別人都蓄積了強大的力量，能夠選擇用愛去創造，而不是將人類視為基本上自私又愛搞破壞的罪人。」

當我們有明晰的頭腦和心靈，就知道什麼是欣喜，能以一種直接而深刻的喜悅來參與我們周圍的感官世界。詹姆斯．鮑德溫在〈在十字架上〉（Down at the Cross）一文中表示：「享受感官的愉快，就是尊重與慶賀生命力，以及生命本身，做每一件事都傾注心神，從努力展現愛到擘餅共食都是。」詩人艾德麗安．里奇（Adrienne Rich）在《那裡有什麼？有關詩和政治的筆記》（*What Is Found There? Notebooks on Poetry and Politics*）告誡人們小心失去感官能力：「如果喪失感官的活力，恐怕很難努力活下去。就這麼簡單卻又飽受威脅。」過度放縱或獲得太多，便是與感官領域疏離所造成的。這說明了何以簡單過生活是治癒的關鍵。當我們開始簡化，不再雜亂無章，不論是紛亂的欲望、雜亂的物品，以及無盡的忙碌，就能恢復感官能力。一旦沉睡的身體從遲鈍狀態中醒來，在這個感官世界中復活，便是向我們證明：愛比死更強大。

———

愛是救贖。儘管身處於無愛的環境，任何事都不能阻擋或減少我們對愛的渴望。了解愛是救贖似乎呈現出心靈有韌性的一面。愛的救贖力量誘導我們走向治癒的可能，雖然我們無法解釋這種心靈知識的存在。一如其他偉大的謎團，我們都神祕地聽到了愛的呼喚，不論生活條件如何，無論是否道德敗壞或深陷絕望。持續不斷的呼喚讓我們抱有希望。沒了希望，我們就無法重新回到愛裡面。希望打破了人心中的孤立，開啟了機會之窗，讓我們有邁步向前的理由。它是正向思考的練習。保持積極正向，永遠抱持希望，可常保靈性如新。我們如新人一般堅信愛的承諾，立下希望的誓約。

當我從年輕人和老年人的聲音中，聽到憤世嫉俗而不是希望時，我開始思考和書寫關於愛的內容。憤世嫉俗是通往愛的最大障礙，它根植於懷疑和絕望。恐懼加深了我們的懷疑，使我們失去行為能力。信念和希望讓我們得以放下恐懼，排除障礙，在愛的道路上暢行無阻。若我們牢記《聖經》堅持「在愛中沒有懼怕」的說法，就知道自己必須選擇勇敢的想法和行動。這句經文鼓勵我們從「完美的愛驅散恐懼」的信念中獲得安慰，也提醒我們即使恐懼存在，也可在完美的愛裡獲得釋放。完美之愛冶煉成功後，便帶給大家足以戰勝恐懼的愛。我們在恐懼中變得孤立或陌生，透過完美的愛得以變得完整。因為完美的愛是救贖，它就像是煉金之火的熾熱，能夠焚燬雜質，讓靈魂自由。

重要的是，《聖經》告訴我們，愛驅散懼怕，「因為懼怕含有刑罰」。這句話直指當我們受到懼怕驅使，會覺得生命充滿煎熬，而愛的實踐是帶來持久平靜的療癒力量；是愛的實踐改變了一切。當一個人付出並且接受愛的時候，就放下了懼怕。當我們知道「在愛中沒有懼怕」，並且親身實踐這個道理時，會感到痛苦減輕，並獲得更深入造訪愛的樂園的力量。我們若肯將自己完全交託給愛，靈魂就甦醒了，而我們在愛裡變得完美。

這個社會並未全心擁抱愛的轉變力量，大家仍然誤以為折磨和痛苦是人的「自然」狀態。現代社會持續發生的悲劇，似乎也在肯定這種假設。在這個飽受破壞的世界裡，懼怕是普遍的心態。當我們去愛的時候，就不再讓心被懼怕挾持。想變得有權力，其實是因為深感懼怕。權力使我們產生錯覺，以為自己戰勝了恐懼，對愛並無需求。

為了重回愛的懷抱，了解什麼是完美的愛，我們必須放棄權力。這使我們發現《聖經》描述的完美之愛，對這個時代來說既像是預言，又令人耳目一新。假如我們無法割捨對權力的依戀，或者很害怕暴露出脆弱的一面，就無法了解愛。而無愛令人痛苦。

隨著我們的文化逐漸認清有哪些手法誘使人們遠離愛，使人無從意識到愛能治癒的事實，我們的痛苦加深了，但內心的渴望也一樣變得更深切。我們有所欠缺的空間藏著各種可能。當我們心中有嚮往，表示已經準備好接受即將到來的愛，那是禮物，是承諾，是塵世裡的天堂。

13 DESTINY: WHEN ANGELS SPEAK OF LOVE

命運：當天使提到愛

我們真正的命運是愛。我們無法僅透過自身找到生命的意義，而必須和他人一起尋找。

—多瑪斯．牟敦（Thomas Merton）

我小時候感到沉重無比的寂寞悲傷時，對於神性之愛的信念給了我安慰。我知道自己可以向上帝和天使傾訴心聲，這份安慰使我覺得不再那麼孤單。當我發現靈魂陷入苦痛恐懼的黑夜，沒有一個人了解我時，天使就陪在我身邊。祂們陪著我，聆聽我泣訴心痛的故事。我看不見祂們，但我知道祂們就在身旁。我聽見祂們輕聲訴說愛的承諾，於是我知道我的靈魂會好起來；祂們用神聖甜美的語言對我的心說話。

天使見證了一切。祂們是看顧、保護、指引我們度過人生的守護神。祂們有時藉由人的形體出現，有時則是純粹的靈——看不見、無法想像的永恆存在。我們的文化在宗教上有了覺醒，其中一個徵兆便是對天使著迷。到處都可看到天使的形象，祂們化身為電影中的角色，出現在書籍、郵簡、日曆、窗簾和壁紙上。對我們來說，天使代表純真的形象，沒有背負罪惡感或羞恥。不論我們心目中的天使模樣是源自科普特教會的深膚圓臉，或者常見的膚色白皙、有翅膀的小天使，天使都是神界的信使，總是傳遞著使人心靈平靜的消息。

我們的文化對天使象徵的事物充滿熱情，呈現出人們對天堂的渴望，重新回到感情融洽、充滿善念的年代，每個人都有一顆完整的心。雖然我們最常看到天使以洋溢著歡欣的孩童形象出現，身為信差的祂們承載著人類的重擔、哀傷和喜樂。祂們被賦予孩童般的形象是為了提醒我們，只有當我們回到孩子般的狀態，歷經重生，才會產生徹悟。

人們眼中的天使是輕鬆愉快的生物，敏捷迅速地朝天堂飛去。祂們的存在以及承載的知識從不曾停滯。天使一直在變化，看穿人類虛假的自我。祂們具備通靈般的洞察力、直覺與心靈的智慧，堅守對生命的承諾，而這份承諾唯有透過知識與責任方能履行。祂們守護著人類靈魂的健全，關懷我們，與我們同在。天使喚起我們擁抱靈性成長的渴望，也顯示出我們想要找回愛的集體願望。

我在小時候上教堂時，第一次聽到天使的故事。我從宗教的教誨中得知，天使

是神聖事物的信使，能夠給予明智的建議，也能幫助我們達成靈性成長。祂們對人類的靈性抱持毫無條件的愛，幫助我們無懼地面對現實。尤其是雅各在返家途中遇見天使的故事，在我幼小的心靈中留下鮮明印象，直到成年仍未忘懷。雅各不只是《聖經》裡的英雄，也是一個能充滿熱情去愛的人。他生長於曠野，年輕時因家人的糾紛而離開家，來到親戚居住的地方，在那裡遇見了靈魂伴侶拉結。雖然他很快對她表白愛意，兩人卻歷經辛苦與磨難，才得以結合。

故事是這麼說的：雅各為了拉結，無償工作了七年，但對他而言彷彿只有幾天而已，因為「他對她的愛是如此巨大」。約翰．桑福德（John Sanford）在《跟上帝角力的男人》（*The Man Who Wrestled with God*）一書中對這則故事的評論是：「雅各能夠愛上某人就表示他在這趟行經曠野的旅程中，心理有了成長。目前為止，他生命裡唯一的女人便是母親，而一名男人的心理發展若停留在母親是最重要的女人的狀態，就無法成為成熟的男人。男人的性慾、愛人與培養親密關係的能力，都必須脫離對母親的依附才得以發展，進而能夠接觸到同輩女性，否則他始終是個只知道索求、依賴、孩子氣的人。」桑德福在此指的是負面的依賴，有別於健康的依附。一個男人若與母親有正向的依附關係，就能夠平衡這份情感，在依賴與自主之間穩健地前行，還能進一步和其他女性建立感情的紐帶。其實大多數女性都知道，相較於過度依賴母親、只盼她無條件滿足自己全部需求的男人，真正愛母親的男人更可能成為好友、良伴、稱職的配偶。因為真正的愛需要承認我們自己和他人的自主性，因此在童年時期就懂得愛的男人便已學會「個體化」的健康行為。雅各為拉結做苦工時，曾做出錯誤的選擇和困難的決定，因此逐漸成長，變得成熟。兩人結婚時，他已經成為有愛的伴侶。

雅各遇見了靈魂伴侶，並不表示他追求自我實現與自身完整的旅程就此結束。他收到了上帝的訊息，命他回到一度逃離的家，他必須再次踏上曠野之旅。睿智的靈性導師一再要我們明白，追求自我實現和靈性成長的旅途相當艱辛，充滿了挑戰，通常極為困難。許多人相信只要找到靈魂伴侶，人生的困難到此為止。愛並不會讓困難終止，但愛會給我們方法去應付人生的難題，使我們成長茁壯。為了愛，雅各辛勤工作，耐心等待，成為心理素質強大的人。當他又一次走進曠野，踏上回家的旅程時，這份力量支撐著他。

神界為雅各捎來訊息，說他必須回到祖先的故土。身為一個懂得愛的男人，雅各本能地尋求指引。他聆聽自己的心，一聽到答案便採取行動。他當初離家是因為和哥哥以掃起了衝突，因此想到回家以後的情景就覺得害怕。但他若想體察內在的平靜，蛻變為完全成熟的人，就必須面對自己的過去，並尋求和解。雅各在返家的漫長旅途中，不斷和上帝交談：他禱告、靜思，在夜深時沿著溪流步行，在孤寂中尋求慰藉。在那裡，有個看不清面目的「人」與他角力。雅各並不知道自己蒙受恩慈，有機會和天使面對面。

雅各正視內心的恐懼、惡魔、影子自我（即性格的陰暗面），放棄對追求安全的渴望。他的心進入了原始的暗夜，回到尚未完全醒覺的精神空間，彷彿又變回那個待在子宮內的小孩，努力獲得重生。天使並不是要取他性命的敵人，而是作為見證者，使他能夠領悟到奮鬥過程中有喜悅。他不再害怕，取而代之的是平靜的感受。傑克・康菲爾德和克麗絲汀娜・費爾德曼（Christina Feldman）在《靈魂食糧》（*Soul Food*）一書中談到，我們也可以在全力拼搏的時候選擇寧靜祥和：「在那份平靜當中，我們開始了解到祥和的反面並非挑戰與艱辛。我們了解到之所以有光，並非因為黑暗止盡。祥和並不是在沒有挑戰的情況下出現，而是在於我們有能力承受磨難，並且不帶批判、偏見和抗拒。我們發現自己有能量和信念，透過開放的心態來治癒自己和這個世界。」當雅各全心接納自身的困境時，也就從黑暗一步步走進光明。

光明降臨時，雅各沒有讓天使離開，而是要求獲得祝福。但重要的是，他必須先放下懼怕，打開心房，為這份恩典而感動，才能夠領受這項祝福。桑福德寫道：「雅各原本不肯捨棄過往的經驗，直到他了解到這些經驗所代表的意義，這標誌著他是擁有偉大靈性的人。每個與自己的靈性和心理經驗角力的人，不管它有多黑暗或多嚇人，都很難放下，直到領悟了它的意義，正如雅各的經驗。如此一來，他便可脫離掙扎，猶如走出黑暗的隧道，在隧道另一端重生。若此人在面對靈性的現實時往後退一步或跑開，就無法轉化重生了。」天使給雅各的祝福是以受傷的形式出現，了解到這一點讓我們深感寬慰。

受傷並不會造成羞恥，受過傷才有靈性成長和覺醒。我仍記得自己小時候捧著寫給孩童看的大本聖經故事書，一遍遍地讀這則故事，心裡覺得受傷怎麼會是祝福，太奇怪了。在我幼小的心靈中，受傷一定是不好的，而在外人橫加傷害時，無力保護自己是丟臉的事。葛辛・考夫曼（Gershen Kaufman）與莉芙・拉斐爾（Lev Raphael）在《走出羞恥》（*Coming Out of Shame*）一書中強調：「對自身感到羞恥是最令人煩惱不安的情緒，因為當我們感到羞愧，會覺得自身被扯裂。羞恥就像一隻看不見的手在我們身上留下傷口，是對挫折、失敗或拒絕的反應。當我們深感失去連結，就會渴望再次擁抱自己，和自己重新合而為一。羞恥使我們脫離自己，正如它使得我們和他人分離。但因為人們仍舊渴望合而為一，因此羞恥讓人極為難受。」許多人覺得受傷很丟臉，遲遲不敢尋求治癒，寧可否認或壓抑受傷的事實。我們的文化常談到內疚，卻不太談論羞恥的運作機制。只要我們覺得羞恥，就永遠無法相信自己值得愛。

因受傷而產生的羞恥，大多源自於童年時期，許多人也是從那時起發現隱忍痛苦是美德。精神分析學家愛麗絲．米勒在《被驅除的知識：面對童年受的傷》（*Banished Knowledge: Facing Childhood Injuries*）一書中表示：「我們的文化勸我們別太認真看待自己受的苦，最好淡化處理或一笑置之，才是有禮貌，甚至還說這種態度是美德，而且許多人（包括我在內）對於自身的命運，尤其是童年生活，都欠缺敏感，還為此自豪。」雖然越來越多人鼓起勇氣突破羞恥的藩籬，說出生命中所受的傷，但今日我們陷入刻薄無情的文化氛圍，對每一個談論受傷的人予以嘲笑。任何人只要指出曾在某些情境下受傷害，就遭到輕視，這是一種羞辱，是心理上的恐怖主義。這樣的羞辱讓人傷心。

所有在治療的情境下真心追求身心健康的人都知道，在這個過程中不該擺出驕傲的姿態說自己是受害者，或站在某種立場一味責怪別人。我們得勇敢說出心中的羞愧與痛苦，才能夠復原。說出受傷並非為了責怪他人，而是允許那些曾經和現在受傷的人問責與承擔起責任，包括他們自己、施加痛苦的人、目睹事實的人。具建設性的對質有助治癒。

雅各與天使對質是一則治癒的故事，因為顯示出他是清白無罪的。他從未做過激怒天使的事。這場對立衝突並非他一手造成，他無須承擔責任；他的傷其來有自，不該怪他本人。然而，一旦他能夠接納他的傷，將其視為祝福，並為自己的行為承擔起責任，治癒就此展開。

我們有時都會受傷。許多人仍然在我們學習愛的地方受傷。我們帶著小時候受的傷長大，然後變老。雅各的故事提醒了我們，全心接納自己的傷是療癒的方式。他接受自身的脆弱。康菲爾德與費爾德曼則提醒我們，在你察覺到痛苦與「人生的變幻莫測」時，便可從中找到救贖：「當我們用坦誠的心胸和明晰的頭腦面對生命裡的某些陰影，就不會再抗拒，並且開始理解和治癒。要辦到這一點，我們必須學會深刻地感受，不光是睜開眼睛，還得開啟頭腦與心靈的內在感覺。」當雅各和天使角力時，他感受到一種高度的覺知。面對這場搏鬥，給了他勇氣，讓他有毅力走完旅程，回家面對衝突，與家人和解，而不是與家人疏遠，孤單地生活。

我們必須集體鼓起勇氣，面對真相：社會上瀰漫著無愛是一道傷口。一旦我們願意承認這道傷口劃破肉，造成疼痛，而我們的靈魂深處也備受煎熬，我們就很有可能轉化，用新的態度面對一切。這樣的話，承認受傷便是一種祝福，因為我們就可以照料傷口，照護靈魂，進而準備好接受上天賜給每一個人的愛。

天使讓我們明瞭這趟追求愛和幸福的旅途該怎麼走。祂們同時以人的形貌和純粹精神的方式出現，一路指引、教導、保護著我們。愛麗絲．米勒將這股出現在人生中的「天使的力量」稱為「帶來覺悟的證人」，尤其是為那些功能失調家庭中受傷的孩子提供希望、愛和指引的人。在充滿衝突、缺少關愛的家庭或環境中長大的人，幾乎都記得對他們付出同情與理解的恩人，這些人甚至給了他們一條出路。希拉蕊．柯林頓（Hillary Clinton）曾說起母親的「悲慘童年」，還記得「非親非故的人伸出援手，而他們的幫助讓情況有所改變」。我從小時候開始，便在喜愛的作家當中找到許多位天使，他們創作的書籍促使我了解頗為複雜的人生。這些作品使我的心更開放，培養更多同情、寬恕與理解。努拉・歐菲蘭（Nuala O'Faolain）是一名愛爾蘭的記者，她在回憶錄《你不就是那個誰》（*Are You Somebody?*）中表示書可以救人性命：「撇開別的不談，閱讀顯然讓人生值得一活。」

德國詩人里爾克的自傳體文章扭轉了我的自我意識，那時我是個少女。那段時期，我覺得自己像個局外人，既沒用又不受歡迎，但他的作品讓我發現局外人這個位置適合發揮創意，尋找各種可能。《身為黑人》（*Bone Black*）是我少女時期的回憶錄，我在最後一章寫道：「我那時處於靈性的荒野，是里爾克給了它意義。我走進他書中的世界，找到了自己。他告訴我，每一件可怕的事都是某件事正在向我們求救。我反覆閱讀《致一位年輕詩人的信》（*Letters to a Young Poet*），猶如溺水的人攀住竹筏，安全抵達岸邊。」我那時去一處靈修中心，拿到這本書當禮物。我在那裡遇見一位神父，在附近的大學擔任牧師。他是其中一位重要的主講人，憑直覺知道我的絕望有多深沉，給了我安慰。那時我十幾歲，已經開始有活不下去的感覺，醒著的時候滿腦子只想自殺，還會做自殺的惡夢。我相信死亡是解脫，讓我不用再承受巨大的悲傷。

在靈修中心聽到的靈性證詞使我更加悲傷。我無法理解為何每個人都受到神性的鼓舞，但我卻更加孤單，彷彿墜入深淵，毫無獲救的希望。我從未問過那位神父，他在我身上看到了什麼，又為何要挑中我做靈性諮商。他觸碰到我的靈魂，給我（以及每一個與他有交集的人）關愛照顧。在他面前，我覺得自己被上帝選中而且被愛。他就像許多塵世裡的天使一樣，帶著一股預見未來的力量和療癒人心的智慧走進我們的生命；之後我沒再遇見他。但我從未忘記他曾經出現，像送禮物般對我慷慨展現愛和同情。

天使出現在我們身邊，提醒我們世上有個神祕的領域無法用人類的理解力或意志加以解釋。無論我們是否覺得自己有「靈性」，我們都曾在日常生活中有過難以解釋的經驗，即使只是一件小事。我們發現自己在對的時間來到對的地方，恰好有能力領受祝福，卻不明白自己怎麼會去那裡。如果我們經常回顧發生過的事件，就能找出一種模式，讓我們得以憑直覺辨識出看不見的靈，指引著我們向前邁進。

我還是小女孩的時候，會躺在頂樓房間的床上，不停地和神靈聊著愛的本質。就像雅各獨自在溪流旁徘徊，我在靜悄悄、漆黑一片的房裡想盡辦法弄清楚愛的玄妙，設法解開愛的謎團。我持續努力，直到自己有更深切的覺察，一種愛的新景象浮現了。如今我明白自己從那時候開始就在進行有紀律的靈性實踐：打開心房。這使我成為愛的道路上虔誠的追尋者——跟天使面對面交談，無所畏懼。

了解恐懼如何用各種方式阻礙我們去了解愛，是一大挑戰。我們很怕一旦相信了愛，讓愛成為人生的指引，會導致更多背叛，於是遲遲不敢去愛，儘管心中非常想要愛。愛並不表示我們不會遭受背叛，但有了愛，我們即使面對背叛也不灰心。而且愛能更新我們的靈性，好讓我們重新去愛。不論我們的人生有多艱難或糟糕，選擇對抗無愛（亦即選擇愛），我們就能聽到希望在對我們呢喃，直接對我們的心訴說，那是天使的聲音。當天使提到愛，是在告訴我們唯有展現愛，我們才會走進塵世的天堂。天使告訴我們，天堂是我們的家，愛是我們真正的命運。

章首引文出處

Jack Kornfield, *A Path with Heart,* Shambhala Publications, 1994
Diane Ackerman, *A Natural History of Love,* Random House, 1994
Judith Viorst, *Necessary Losses,* Simon & Schuster, 1986
John Welwood, *Love and Awakening,* HarperCollins, 1996
M. Scott Peck, *The Road Less Traveled,* Simon & Schuster, 1978
Tessa Bielecki, *Holy Daring,* Element Inc., 1994
Marianne Williamson, *The Healing of America,* Simon & Schuster, 1977
Sharon Salzberg, *A Heart As Wide As the World,* Shambhala Publications, 1997
Parker Palmer, *The Active Life,* HarperCollins, 1990
Henri Nouwen, *The Inner Voice of Love,* Doubleday, 1996
Thomas Merton, *Love and Liking,* Commonweal Publishing, 1997

國家圖書館出版品預行編目(CIP)資料

關於愛的一切 / 貝爾．胡克斯 (bell hooks) 著；王敏雯譯. -- 初版. -- 臺北市：遠流出版事業股份有限公司，2022.12
面；　公分

譯自：All about love : new visions.
ISBN 978-957-32-9841-0(平裝)

1.CST: 愛 2.CST: 女性主義

199.8　　111016339

關於愛的一切

作　者——貝爾．胡克斯（bell hooks）
翻　譯——王敏雯
主　編——周明怡
封面設計——之一設計
內頁排版——平衡點設計

發行人——王榮文
出版發行——遠流出版事業股份有限公司
104005 台北市中山北路一段 11 號 13 樓
郵政劃撥／ 0189456-1
電話／ 02-2571-0297．傳真／ 02-2571-0197
著作權顧問——蕭雄淋律師

2022 年 12 月 1 日　初版一刷
售價新台幣 380 元（缺頁或破損的書，請寄回更換）

遠流博識網　http://www.ylib.com　e-mail:ylib@ylib.com